사하라

이야기

1

STORIES OF THE SAHARA (撒哈拉歲月)

Copyright ⓒ 1976, 2011, Sanmao
First published by Crown Publishing Company Ltd. in Taiwan in 1976.
Korean edition published by agreement with Crown Publishing
Company Ltd. in association with The Grayhawk Agency,
through Danny Hong Agency

Korean translation copyright ⓒ 2020 by JINABOOKS

이 책의 한국어판 저작권은 대니홍 에이전시를 통한 저작권사와의
독점 계약으로 지나북스에 있습니다. 신저작권법에 의해 한국 내에서 보호를
받는 저작물이므로 무단 전재와 복제를 금합니다.

사하라 이야기

싼마오三毛 산문집
조은 옮김

✸

"나는 잘 알고 있어. 인생은 단 한 번뿐이라는 걸,
아주 진실한 한 번뿐이라는 걸……
그래서 날이 갈수록 안타까워.
더 용감하고 유쾌하게 인생과 대면하지 못한 게 참 아쉬워."

한국의 독자 여러분께

천제陳傑, 싼마오 남동생

싼마오의 책이 기쁘게도 한국 독자들을 만나게 되었군요.

독자 여러분, 이야기 속으로 들어가기 전에 눈을 감고 한번 생각해 보세요. 지금으로부터 거의 반세기 전인 1974년, 동방의 한 처자가 오랜 꿈을 이루고자 사하라 사막으로 홀로 달려갔어요. 그리고 사막에서 결혼식도 올렸지요. 남편이 그녀에게 준 결혼 선물은 다이아몬드 반지도 멋진 집도 아니었습니다. 사막에서 찾아낸 낙타 해골이었죠. 사막에서 꾸려 가는 생활은 고생스럽기 짝이 없었어요. 하지만 남다른 영혼을 지닌 그녀는 따뜻하고 반짝이는 글을 써 나가며 수많은 독자에게 사랑과 웃음과 눈물의 이야기를 선사했답니다. 이런 책을 어찌 읽지 않을 수 있겠어요?

싼마오가 쓴 책은 타이완과 중국 대륙에서 어마어마한 사랑을 받았을 뿐 아니라 해외 독자에게도 널리 읽히고 있습니다. 영어, 일어, 이탈리아어, 네덜란드어, 스페인어, 카탈루냐어, 미얀마어로 출간되어 1600만 부 이상이 팔렸지요.

이 세상 모든 이를 뜨겁게 사랑하는 싼마오의 이야기가 한국 독자 여러분께 더 넓은 세상을 만나게 하고 감동을 전해 주길 바라요. 고맙습니다.

독자 추천글

사하라의 자유로운 영혼 싼마오. 그녀의 영혼까지 사랑한 남자 호세. 스물다섯 싼마오와 열여덟 호세의 첫 만남. 6년의 기다림 끝에 드디어 하나가 된 두 사람의 신혼 일기는 대놓고 엉뚱하고 유쾌하다. 그런데 보면 볼수록 두 사람의 깊은 사랑이 감동으로 다가온다. 결혼은 현실이지만 싼마오와 호세처럼 사랑하면 아름다운 현실이 되지 않을까. 사하라를 동경하며 아름다운 현실을 꿈꾸는 이들에게 추천하는 바이다. 양성희, 중국어 번역가

생기부 스펙에 저당잡힌 10대들에게 박제된 루쉰 말고 다른 글을 권하고 싶었다. 내 삶의 주인이 된다는 것은 어떤 의미인지 진솔하게 이야기 나누고 싶었다. 그러던 차에 싼마오의 산문집이 재출간된다는 소식을 들었다. 자유롭고 재기발랄했던 싼마오의 글을 교실에서 함께 필사하고 낭독할 생각을 하니 얼마나 기쁜지. 아득해진 내 청춘이 놓쳐 버린 설렘을 심드렁한 10대들에게 불쑥 건네고, 함께 뜨거운 가슴으로 차오르는 수업 시간을 만들어 가리라. 장효영, 동두천외고 중국어교사

사막. 무언가 뿌리내리고 살기 힘든 환경, 싼마오는 이곳으로

향했다. 어딘가에 얽매이고 싶어 하지 않았던, 그리고 자질구레한 수식을 원치 않았던 그녀의 영혼은 사막과 닮았다. 사막에서 펼쳐지는 그녀의 삶은 이 시대의 눈으로 읽어내기에도 충분히 매력적이다. 불필요한 잡음을 걷어내고 온전히 '나'로서 살고 싶은 독자들에게 이 책을 추천한다. 모든 것이 너무 빠르고 넘쳐나는 현실 속에서 '진짜'를 가려내는 법을 배울 수 있으리라. 윤수정, 프리랜서

일상에선 보지 못할 자신을 발견하기 위해 여행을 떠난다지만 여행지가 일상이 되는 일은 조금 다르다. 자신조차도 낯설게 보아야 하는 일이 되기 때문이다. 사랑은 불현듯 찾아오고, 서서히 젖어든다. 낯섦을 있는 그대로 받아들이는 일은 나 자신과 화해하는 일이기에 책을 덮을 때쯤이면 마음이 따뜻해져 온다. 싼마오의 삶 그리고 글에 고마움을 느낀다. 최정상, 대학원생

싼마오는 매우 섬세하고 낭만적인 여인이에요. 『사하라 이야기』 속에서 남편 호세와의 사막 생활을 아주 재미있게 그려 놓았어요. 저는 「사막의 중국 반점」과 「황야의 밤」이 특히나 재미있었답니다. 이 이야기들에서 싼마오는 때로는 짓궂지만 재치가

있고, 때로는 어른스럽고 강인한 모습을 보여 줍니다. 이런 다양한 매력의 싼마오 덕분에 남편 호세는 어질어질할 지경인데 그게 이들 부부의 재미라고 생각합니다. 양쭝웨이楊宗衛, 타이완 독자

서양 남자와 동양 여자의 사하라 신혼 이야기는 다문화 가정의 비율이 급속도로 증가하는 현재의 시점을 살아가는 우리도 충분히 공감할 수 있는 이야기입니다. 점점 삭막해져가고 다변화되어 가는 현실에서 싼마오 특유의 재미와 희망의 메시지를 듣는 것만으로도 충분히 힐링이 되는 시간이었습니다. 현실의 각박함에 지쳐있는 분들께 추천드립니다. 이종은, 중국어 통역사

첫번째 장을 읽는 순간 팬이 되었습니다. 인스타나 트위터에서 볼것만 같은 가볍지만 위트 넘치는 문장들에서 느껴지는 생생함이 글자 너머로 전해졌어요. 특히 사막에서 겪은 기상천외한 에피소드와 국적불문 결혼생활의 희노애락이 어우러져 어디서도 볼수없는 이야기들이 저를 새로운 세상으로 데려가주었습니다. 출간되면 바로 직장맘 친구들에게 보내주려고요. 우리가 젊은시절 했던 그 모험들을 같이 떠올려보고 싶네요. 김진유, 직장인

차례

한국의 독자 여러분께	008
독자 추천글	009
사막의 중국반점	014
결혼 이야기	027
의술로 세상을 구하다	046
황야의 밤	065
사막 목욕 관찰기	090
불나비 사랑	108
사막의 이웃들	130
풋내기 어부	149
야곱의 사다리	174
사랑하는 시어머니	204
자수성가	237
귀향 편지	294

사막의 중국반점

내 남편 호세는 대단히 안타깝게도 외국인이다. 남편을 이런 식으로 말하니까 좀 배타적으로 들릴지도 모르겠지만 나라와 나라 사이에는 언어와 풍속이 크게 다른 법이다. 결혼해서 같이 살면서도 도저히 통하지 않는 부분이 셀 수 없이 많았다.

처음 호세와 결혼하기로 결심했을 때 나는 분명히 말해 두었다. 우리는 국적이 다를 뿐 아니라 성격도 완전 딴판이라, 결혼해서 같이 살면 심심찮게 다툴 것이고 심지어는 치고받고 싸울지도 모른다고. 그러자 호세는 이렇게 대답했다.

"당신 성격이 별로라는 건 물론 잘 알아. 하지만 속마음은 착하다는 것도 알아. 말다툼도 하고 치고받고 싸울 수도 있겠지만 아무튼 우린 결혼해야 돼!"

이렇게 해서 우리는 서로 알고 지낸 지 7년 만에 결국 결혼하게 되었다.

나는 여성 해방 운동의 열렬한 지지자는 아니지만 결혼한다고 해서 나의 독립적인 인격과 자유로운 마음까지 잃고 싶지는 않았다. 그래서 결혼하고 나서도 나는 '누가 뭐래도 내 방식대로' 살 거고, 거기에 지장이 있다면 결혼하지 않겠다고 다시 한번 강조했다.

호세는 그때 이렇게 대답했다.

"나는 바로 당신이 '당신 방식대로' 사는 걸 좋아하는 거야. 당신만의 개성과 품격을 잃어버릴 거면 뭐 하러 당신하고 결혼하겠어!"

오호라, 자못 사내대장부다운 논조인지라 나는 마음을 푹 놓았다.

호세의 아내가 되자 우선 언어가 문제였다. 수도 없이 가르쳐 줬건만 이 불쌍한 외국인은 'ㅅ'과 'ㅈ' 두 글자도 구별하지 못하는 거다. 결국 이 일만큼은 넘어가 주기로 하고 내가 스페인어를 쓰는 수밖에 없었다.(하지만 장래에 우리 아이에게는 두들겨 패서라도 중국어를 가르치리라. 호세도 이에 적극 찬성했다.)

각설하고, 가정주부가 되자 무엇보다도 부엌일을 맡아야 했다. 다른 집안일은 무척 하기 싫었지만 요리만큼은 아주 재미있었다. 양파 몇 개, 고기 몇 조각을 달달 볶아내면 바로 음식이 되니! 나는 이런 주방의 예술이 퍽 마음에 들었다.

타이완에 계신 어머니는 내가 결혼하면 호세의 직장 때문에 아프리카의 황량한 사막으로 가야 한다는 사실을 알고는 몹시 마음 아파하셨다. 하지만 돈을 버는 사람이 호세였기 때문에 나는 밥줄을 따라가는 수밖에 달리 선택의 여지가 없었다.

부엌일을 시작하고 한동안 우리 식탁에는 서양 음식만 올랐다. 얼마 지나자 집에서 항공 소포로 구호품이 왔다. 당면, 김, 동고버섯, 라면, 돼지고기 육포 등 진귀한 식료품이 잔뜩 들어 있었다. 나는 너무 기뻐 식료품을 손에서 놓을 수가 없었다. 거기다 유럽 친구가 깡통 소스까지 보내 주었다. 나는 곧바로 '중국반점'을 열었지만 안타깝게도 손님은 돈을 내지 않는 단 한 명뿐이었다.(나중에는 밥을 먹으러 찾아오는 친구들이 장사진을 쳤다!)

사실 어머니가 부쳐 주신 물건은 '중국반점'을 열기에는 턱없이 부족했지만, 다행히도 호세는 타이완에 가본 적이 없어서 내가 주방장이 된 양 으스대는 모습을 지켜볼 뿐이었고 나도 자신감이 생겨났다.

처음으로 만든 중국요리는 '당면 닭고기탕'이었다. 퇴근해 돌아오면 호세는 늘 큰 소리로 외쳤다.

사막의 중국반점

"빨리 밥 줘, 배고파 죽겠어!"

내게 홀딱 반했던 그 오랜 세월은 다 어디 갔을까. 호세는 집에 오자마자 밥 달라고 소리칠 뿐 아내에게는 눈길 한번 주지 않았다. 오히려 마누라는 마음이 편했다.

호세는 당면 닭고기탕을 입에 퍼 넣더니 깜짝 놀랐다.

"어! 이게 뭐지? 중국 스파게틴가?"

"만 리 밖에 계신 장모님께서 사위한테 스파게티를 보내시겠어? 아냐."

"그럼 뭐지? 아무튼 더 줘, 엄청 맛있는데!"

나는 젓가락으로 당면 한 가닥을 집어 올렸다.

"이건 '빗줄기'야."

"빗줄기?"

호세는 어안이 벙벙했다.

결혼하고 나서도 내 멋대로 살겠다고 작정해서 그런가, 허튼소리가 술술 흘러나왔다.

"이건 말이야, 봄에 내린 첫 번째 비야. 높은 산에 내린 비가 한 줄기 한 줄기 얼어붙으면 고산족高山族*이 잘 묶어서 등에 지고 내려와 한 묶음씩 팔아 곡주와 바꿔 마셔. 무지무지 귀한

---

* 중국 대륙에서 한족이 이주해 오기 전부터 타이완에 거주하던 토착민족. 고유의 문화를 간직하며 산지에 사는 사람도 있고 일부는 한족에 융화되어 평원 지대에 살고 있다.

거야!"

호세는 여전히 어리둥절할 뿐이었다. 무슨 연구라도 하듯내 얼굴을 자세히 살펴보고 또 그릇 속의 '빗줄기'를 들여다보고는 이렇게 투덜거렸다.

"내가 바본 줄 알아?"

나는 차마 그렇다고는 말을 못 하고 딴소리를 했다.

"더 줘, 말아?"

"이 거짓말 대왕, 더 주세요!"

그 뒤로 우리는 종종 '봄비'를 먹었다. 하지만 지금까지도 호세는 '봄비'가 뭘로 만든 건지 모른다. 때때로 호세가 정말 돌대가리라는 생각이 들어서 좀 속상하다.

두 번째로 만든 것은 당면을 프라이팬에서 한번 볶은 다음 돼지고기 다진 것과 육즙을 얹은 '마의상수' 螞蟻上樹*라는 요리였다.

호세는 돌아오자마자 배고프다고 난리를 치더니, 당면을 한 입 가득 쑤셔 넣었다.

"이건 뭐야? 하얀 털실 같기도 하고 플라스틱 같기도 하고."

"둘 다 아냐. 이건 낚싯줄 같은 나일론 줄을 중국 사람들이

---

* '나무에 오르는 개미'라는 뜻으로 잘게 다진 고기가 당면에 붙어 있는 모습이 마치 개미 떼가 우르르 나무에 올라가는 모습 같다고 해서 붙은 이름이다.

가공해서 하얗고 물렁물렁하게 만든 거야."

호세는 다시 한 입 먹어 보더니 빙그레 웃으며 중얼거렸다.

"희한한 것도 참 많네. 진짜 중국 음식점을 열면 이 요리는 아주 비싸게 팔 수 있겠는데, 흐흐!"

그날 호세는 낚싯줄을 가공한 하얀 면을 배 터지게 먹었다.

세 번째 요리는 잘게 썬 당면과 시금치와 다진 고기로 소를 넣은 '합자병'合子餠이라는 둥베이식 만두였다.

"만두 속에 섞인 거 상어 지느러미 맞지? 무지 비싸다던데. 어쩐지, 그래서 조금밖에 안 넣었구나?"

이 말에 나는 데굴데굴 구르면서 웃었다.

"다음부터는 이렇게 비싼 상어 지느러미 같은 건 보내지 마시라고 해. 장모님께 감사 편지라도 써야겠다."

나는 신나서 대답했다.

"얼른 써, 내가 중국어로 옮겨서 보낼게! 하하하!"

어느 날 호세가 퇴근해 돌아올 무렵이었다. 나는 호세가 안 볼 때 잘 숨겨 둔 돼지고기 육포를 재빨리 가위로 네모지게 잘라 병에 넣고는 담요 속에 잘 감추어 두었다. 그런데 공교롭게도 호세는 그날 코감기라며 담요를 덮고 자겠다고 했다. 나는 옆에서 『수호지』 1천 번째 편을 읽느라 정신이 팔려 나의 보물이 담요 속에 있다는 것을 한순간 잊고 있었다. 고개를 들었을 때는 이미 호세가 침대에 누워 담요 속에서 나온 병을 들고 이리저리 살펴보는 중이었다. 헉, 큰일이다, '솔로몬 왕의 보물'이 발각되다니! 나는 냉큼 병을 빼앗으며 소리쳤다.

"이건 당신 먹는 게 아냐! 내 약이야, 약. 중국 약!"

"코가 막혔는데 마침 잘됐네."

호세는 벌써 고기 조각을 입에 잔뜩 쑤셔 넣고 있었다.

나는 화가 머리끝까지 났지만 뱉으라고 할 수도 없어 그냥 잠자코 있었다.

"되게 맛있네. 무슨 약이야?"

나는 험악하게 대꾸했다.

"목 아픈 데 먹는 약이야. 기침하는 데 잘 들어!"

"목 아픈 데 먹는 약을 고기로 만들어? 내가 바보냐?"

다음 날 눈을 떠보니 호세가 육포를 반병이나 훔쳐 간 뒤였다. 육포를 나눠 먹은 호세의 회사 동료들은 그때부터 나를 보기만 하면 다들 기침하는 시늉을 하며 약을 달라고 했다. 그중에는 이슬람교도도 있었다.(이슬람교도 친구들에게는 더 이상 돼지고기 육포를 주지 않았다. 그건 도덕에 어긋나니까.)

결혼 생활의 핵심은 어쨌든지 간에 먹는 데 있었다. 그리고 다른 시간들은 먹고살기 위해 돈을 벌어야 했는데, 그 시간들은 별 재미가 없었다.

하루는 일본식 김밥을 만들었다. 김으로 밥을 싸고 속에는 타이완에서 온 고기조림을 넣었다. 그런데 이번에는 호세가 먹기를 거부했다.

"뭐야? 이제 나한테 먹종이까지 먹이려는 거야?"

나는 천천히 물었다.

"진짜 안 먹어?"

"안 먹어, 안 먹어."

얼씨구나! 나는 기뻐하며 가득 쌓아 놓은 김밥을 신나게 먹기 시작했다. 그러자 호세가 명령하듯 말했다.

"입 좀 벌려 봐."

"봐, 멀쩡하지? 먹종이를 뒤집어 말았거든. 그러면 입속에 파란 물이 안 들어."

날마다 호세를 놀려 먹다 보니 입에서 헛소리가 술술 흘러나왔다.

"이 거짓말 대왕! 그만 좀 하고 솔직히 말해 봐. 도대체 뭐야?"

"당신은 정말 중국을 몰라도 너무 몰라. 내 남편에게 완전 실망이야."

나는 김밥을 또 하나 집어 먹었다.

약이 바짝 오른 호세는 젓가락으로 김밥 하나를 집어 들더니 마치 진시황을 죽이러 가는 자객 형가荊軻처럼 비장한 표정으로 들여다보다가, 마침내 입에 넣고 한참을 씹어 꿀꺽 삼켰다.

"아, 김이네!"

나는 팔짝팔짝 뛰면서 소리쳤다.

"맞아, 맞아. 아이고, 똑똑하다!"

그러고는 또다시 팔짝대려다가 머리에 초강력 꿀밤 한 대를 먹고 말았다.

중국 음식은 이내 동이 났다. 나의 '중국반점'도 아쉽지만 문을 닫고, 식탁에는 다시 서양 음식이 오르게 되었다. 퇴근해 돌아온 호세는 내가 스테이크를 만드는 것을 보고 몹시 의아해하면서도 기뻐하며 소리쳤다.

"살짝 익혀 줘. 감자튀김도 있지?"

사흘 연속 스테이크를 먹었더니 호세는 식욕이 떨어졌는지 한 조각 먹고는 더 먹으려 하지 않았다.

"일이 너무 힘들어? 좀 자고 일어나서 먹을래?"

마누라도 가끔은 상냥하다.

"아픈 게 아냐. 먹는 게 부실해서……."

이 말에 나는 펄펄 뛰기 시작했다.

사막의 중국반점

"먹는 게 부실하다고? 먹는 게 부실해? 소고기가 한 근에 얼만지 알고 하는 소리야?"

"아냐, 여보. 그게 아니라 '봄비'가 먹고 싶어서 그래. 장모님께서 부쳐 주신 음식들이랑."

"좋아, 그러면 일주일에 두 번씩 중국반점을 열어 주지. 됐지? 다음번 '봄비'는 언제 해줄까?"

어느 날 퇴근해 돌아온 호세가 불쑥 말했다.

"큰일 났어. 오늘 사장님이 날 부르더니……."

"월급 올려 준대?"

나는 두 눈을 반짝이며 물었다.

"아니……."

호세는 고개를 흔들었다. 나는 호세를 꽉 붙들었다. 손톱이 호세의 살을 파고들었다.

"아냐? 젠장, 당신 잘린 거야? 맙소사, 우리 이제……."

"이것 좀 봐, 신경과민이네. 그게 아니라 회사 사람들을 다 집에 초대했으면서 왜 사장님 부부는 초대하지 않느냐는 거야. 당신이 중국요리를 대접하기만을 기다리고 있대……."

"사장님이 내가 만든 요리를 먹고 싶어 한다고? 안 돼, 안 돼! 초대하지 마. 당신 동료들을 초대하는 거야 얼마든지 환영이지만 상사는 안 돼. 아무래도 굽실거려야 할 텐데, 나는 말야, 그…… 당신도 알지, 기개라는 게…….."

나는 이른바 중국인들이 말하는 강직한 기개를 널리 알리려 했지만 명쾌하게 설명할 수가 없었다. 게다가 호세의 간절한 낯빛을 마주하자 그 기개는 목구멍에 꽉 틀어박혀 버렸다!

이튿날 호세가 물었다.

"어이, 우리 집에 죽순 있어?"

"집에 있는 수많은 젓가락이 다 대나무 아냐."

호세가 나를 흘겨보았다.

"사장님이 죽순버섯볶음을 드시고 싶다는데."

아이고, 정말 세상물정에 밝은 사장이다. 외국인이라고 얕봐서는 안 되겠다.

"좋아, 내일 저녁 사장님 부부를 초대해. 까짓, 죽순 요리 대접해 드리지!"

호세는 사랑이 듬뿍 담긴 눈으로 나를 바라보았다. 결혼한 뒤로 그런 눈길을 받아 보기는 처음인 듯했다. 나는 과분한 총애에 황송해 몸 둘 바를 몰랐다. 이런 날 하필이면 땋아 내린 머리가 마구 헝클어져 귀신 같은 꼬라지라니.

다음 날 저녁, 나는 세 가지 요리를 준비하고 약한 불로 따뜻하게 데웠다. 식탁에는 하얀 천을 깔고 그 위에 붉은 천을 대각선으로 겹쳐 깔았다. 촛대까지 올려놓으니 아주 멋스러웠다.

손님과 주인 모두 즐거운 만찬이었다. 음식의 맛과 향은 더없이 훌륭했고 안주인인 나도 예쁜 옷을 차려입고 깔끔하게 단장한 모습이었다.

식사를 마친 사장 부부는 차에 오르며 나에게 특별 제의를 했다.

"만약 우리 홍보실에 사람이 필요하게 되면 당신이 와주면 좋겠군요. 당신도 우리 회사 일꾼이 되었으면 해요."

내 두 눈은 번쩍 빛났다. 이건 순전히 죽순버섯볶음의 공로였다.

사장 부부를 배웅하고 나니 이미 밤이 깊었다. 나는 얼른 해진 청바지로 갈아입고 머리를 고무줄로 질끈 동여매고 접시를 박박 닦기 시작했다. 재투성이 신데렐라로 돌아오니 몸과 마음이 모두 편안했다.

등 뒤에서 호세의 만족스러운 목소리가 들려왔다.

"오늘 죽순버섯볶음 진짜 맛있었어. 그런데 죽순이 갑자기 어디서 났어?"

나는 설거지를 하면서 되물었다.

"무슨 죽순?"

"오늘 저녁에 먹은 죽순 말이야!"

나는 깔깔거리며 말했다.

"아, 오이버섯볶음 말이야?"

"뭐라고? 당신…… 당신…… 나는 그렇다 치고 사장님까지 속였단 말이야?"

"내가 속이긴 뭘 속여, 사장님도 그렇게 맛있는 죽순버섯볶음은 처음이라고 그러던데."

호세가 나를 번쩍 안아 올렸다. 세제 거품이 호세의 머리와 수염에 내려앉았다. 호세가 소리쳤다.

"만세! 만세! 당신은 그 원숭이야. 그 일흔두 번 변신하는 원숭이가 뭐더라? 뭐였지……."

나는 호세의 머리를 퍽 쥐어박았다.

"제천대성齊天大聖 손오공! 제발 그만 좀 까먹어라."

결혼 이야기

※

지난겨울, 어느 맑은 아침에 호세와 나는 마드리드 공원에 앉아 있었다. 몹시 추운 날이었다. 나는 눈 아래쪽은 모조리 두꺼운 외투로 감싸고 한쪽 손만 내놓은 채 참새들에게 식빵 부스러기를 뿌려 주었다. 호세는 낡은 점퍼를 입고 항해에 관한 책을 읽고 있었다.

"싼마오, 내년에 무슨 특별한 계획 있어?"

호세가 물었다.

"특별한 건 없는데. 부활절이 지나면 아프리카에 가볼까 해."

"모로코? 거긴 가보지 않았어?"

"모로코가 아니라 알제리시. 내년에는 사하라 사막에 가보고 싶어."

호세의 가장 큰 장점은 내가 무슨 일을 하더라도, 다른 사람들은 미친 짓이라고 비웃는 일까지도 당연하게 받아들이는 것이었다. 그래서 나는 호세와 함께 있으면 무척 유쾌했다.

"당신은?"

"나는 여름에 항해를 떠나고 싶어. 공부도 군 복무도 모두 어렵사리 마쳤으니 말이야."

호세는 두 손을 들어 뒷목에 깍지를 끼며 대답했다.

"배는?"

나는 호세가 오래전부터 작은 배 한 척을 갖고 싶어 한다는 걸 알고 있었다.

"헤이스 아버지가 배 한 척을 빌려주신다니까 내년에는 그리스 에게 해에 가서 잠수하고 싶어."

나는 호세를 잘 안다. 호세는 자신이 입 밖에 꺼낸 말은 무엇이든 하고야 마는 사람이다.

"사하라에 가면 얼마나 있을 거야? 가서 뭘 하게?"

호세가 물었다.

"반년에서 1년은 있어야지! 나는 사막을 알고 싶어."

사막에 가는 것은 어릴 때 지리를 배우면서부터 줄곧 품어 왔던 소망이었다.

결혼 이야기

"여섯 명이 항해를 떠날 계획인데, 당신까지 말이야. 8월이면 사막에서 돌아올 수 있지?"

나는 외투를 코밑으로 잡아당기고 흥분에 들떠 호세를 바라보았다.

"난 항해에 대해서는 아무것도 모르는데. 나한테 무슨 일을 맡길 건데?"

나는 한껏 들뜬 목소리로 물었다.

"주방장 겸 사진사. 또 돈 관리자. 어때, 갈래 말래?"

"당연히 가고 싶지! 한데 8월까지 못 돌아오면 어떡하지? 난 둘 다 하고 싶은데."

나는 정말이지 물고기도 잡고 싶고 곰발바닥도 먹고 싶었다. 하지만 호세는 기분이 상한 듯 소리쳤다.

"그렇게 오래 알아 왔지만 당신은 늘 혼자 바빠! 내가 겨우겨우 군 복무를 마쳤는데 또 혼자 떠나겠다는 거야? 도대체 우리는 언제 같이 있을 수 있는 거야?"

지금껏 호세는 나를 원망한 적이 거의 없었기에 이러는 게 좀 이상하게 느껴졌다. 나는 호세의 큰소리에 놀라 멀찌감치 날아가 버린 참새들에게 식빵 부스러기를 힘껏 뿌렸다.

"정말 사막에 꼭 가야겠어?"

호세가 다시 한번 물었다. 나는 무겁게 고개를 끄덕였다. 나는 내가 하고 싶은 일을 분명히 알고 있었다.

"좋아."

호세는 화난 말투로 한마디 내뱉더니 다시 책을 읽기 시작했다. 호세는 평소에는 말이 너무 많아 귀찮을 정도였지만 정말 심각한 일에는 입을 꾹 다물어 버렸다.

2월 초, 생각지도 않게 호세는 소리 소문도 없이 혼자 일자리를 구했다.(그건 바로 사하라 사막에 가서 하는 일이었다.) 그리고 짐을 꾸려 나보다도 먼저 아프리카로 가버렸다.

나는 호세에게 편지를 썼다.

'나 때문에 사막에 가서 고생할 필요 없어. 아무튼 난 갈 거고, 대부분 시간을 여행하면서 보낼 거야. 아마 자주 만나지도 못할걸······.'

호세로부터 답장이 왔다.

'내 생각은 분명해. 당신을 내 곁에 머물게 하려면 당신과 결혼하는 수밖에. 그렇지 않으면 난 평생 괴로울 거야. 우리 여름에 결혼하지 않을래?'

편지는 담담했다. 나는 열 번도 넘게 읽고 나서 편지를 바지 주머니에 넣은 채 저녁 내내 거리를 쏘다녔다. 그리고 결정을 내렸다.

4월 중순, 드디어 나는 짐을 모두 챙기고 마드리드의 방을 빼고 서사하라의 사막으로 갔다. 그때 호세는 회사 기숙사에 묵고 있었고 나는 라윤이라는 소도시에서 살게 되었다. 왕복 100킬로미터는 족히 되는 거리였지만 호세는 날마다 나를 보러 왔다.

"좋아, 이젠 결혼할 수 있는 거지."

호세는 기뻐서 얼굴이 환히 빛났다.

"아직 안 돼. 석 달만 시간을 주면 사막 곳곳을 돌아보고 올게. 그때 결혼하자."

마침 사하라위족을 따라 사막을 횡단해 서아프리카로 갈 기회가 생긴 참이었다.

"당신 뜻대로 해. 아무튼 법원에 가서 절차를 알아보는 거야. 더구나 당신은 국적 문제도 있잖아."

나는 결혼하면 타이완과 스페인 두 나라의 국적을 갖기로 했다.

그리하여 우리는 현지 법원으로 가서 결혼 절차를 알아보았다. 법원 서기는 백발의 스페인 남자였다.

"결혼하시게요? 아이고, 지금까지 결혼은 한 번도 처리해 본 적이 없는데…… 아시다시피 여기 사하라위족은 자기네 풍속대로 결혼하니까 말이에요. 일단 법률 서적을 좀 보고……"

서기 선생은 책을 뒤적이면서 말을 이었다.

"결혼 공증이라…… 아, 여기 있네요. 이겁니다. 출생 증명, 독신 증명, 거주지 증명, 법원 공고 증명이 필요한데…… 여자 분 서류는 타이완에서 가져와야 하고 다시 타이완 주재 포르투갈 공사관에서 번역 증명을 받아야 해요. 증명이 끝나면 포르투갈 주재 스페인 영사관에서 공증을 받고, 그 다음에 스페인 외교부에서 심사를 받고, 심사가 끝나면 여기서 우리가 보름간 공고했다가 다시 두 사람의 결혼 서류를 마드리드로 보내 과거 호적지 법원에 공고하고……."

내가 살면서 가장 지긋지긋한 일이 바로 서류를 작성하고 수속을 밟는 것이었다. 서기 선생의 말을 듣다 보니 머리가 지끈거리기 시작했다. 나는 호세에게 속삭였다.

"하, 수속이 저렇게 복잡하고 까다로운데 꼭 결혼해야겠어?"

"당연하지, 당신은 지금부터 입 다물어!"

호세는 잔뜩 긴장해서 서기 선생에게 물었다.

"그럼 우린 언제쯤 결혼할 수 있습니까?"

"음, 그거야 두 분이 하기 나름이죠! 서류가 준비되어야 공고를 할 수 있잖습니까. 두 나라의 공고 절차가 한 달쯤 걸리고 또 다른 문서들이 오고 가려면…… 한 석 달쯤 걸리지 않겠어요?"

서기 선생이 대답하며 천천히 책을 덮었다. 이 말에 호세는 마음이 조급해졌는지 이마에 흐르는 땀을 닦으며 더듬더듬 말했다.

"제발 도와주세요. 더 빨리는 안 될까요? 빠를수록 좋아요. 저희는 기다릴 수가……."

그러자 서기 선생은 책을 책꽂이에 꽂으면서 내 배를 힐끗 훔쳐보았다. 나는 꽤 예민하다. 그가 호세의 말을 오해하고 있음을 알아채고 재빨리 말했다.

"선생님, 저는 아무 상관없어요. 이 사람이나 상관이 있죠."

불쑥 말하고 나니 이게 더욱 말도 안 되는 소리 같아서 얼른 입을 다물었다.

호세가 내 손가락을 힘껏 비틀면서 서기 선생에게 말했다.

"감사합니다. 감사합니다. 곧 절차를 밟겠습니다. 안녕히 계세요. 안녕히."

호세는 허둥지둥 인사를 하고 나서 나를 끌고 3층을 바람처럼 뛰어 내려갔다. 나는 호세를 쫓아 뛰면서도 웃음이 멈추지 않았다. 우리는 건물 밖으로 나와서야 달리기를 멈췄다.

"나나 상관이 있다니 그게 무슨 소리야! 설마 내가 임신했다는 거야?"

호세가 화를 내며 소리쳤다. 나는 웃느라고 아무 대답도 못 했다.

석 달이 금세 지나갔다. 호세는 그동안 열심히 돈을 벌고 가구도 손수 만들고 자기 짐을 날마다 조금씩 내 거처로 날라 왔다. 나는 배낭과 사진기를 둘러메고 여러 유목민족의 천막을 돌아다녔다. 다채롭고 기이한 그들의 풍속을 보면서 기록도 하고 슬라이드 사진으로도 남겼다. 사하라위 친구도 많이 사귀고 심지어 아랍어까지 배우기 시작했다. 참으로 즐겁고 얻은 것도 많은 나날이었다.

물론 우리가 무엇보다도 열심히 한 일은 결혼에 필요한 서류들을 하나하나 신청하는 것이었다. 그건 정말 성가시기 짝이 없었다. 지금도 그때 생각만 하면 머리가 지끈지끈하다.

날은 뜨거운데, 나는 날마다 한 시간을 걸어 서류와 편지가 왔는지 살펴야 했다. 우리 집은 번지가 없는 집이라 우체국에 있는 우편함을 빌려 써야 했기 때문이다. 그렇게 석 달을 지내면서 나는 이 소도시 주민을 거의 다 알게 되었고 특히 우체국과 법원 직원들과는 모조리 친구가 되었다.

그날도 나는 불에 델 듯한 더위에 헉헉대며 법원 안에 앉아 있었다. 서기 선생이 다가와 말했다.

결혼 이야기

"다 됐어요. 마지막 절차인 마드리드 공고까지 끝났어요. 이제 결혼할 수 있습니다."

"정말이요?"

이 서류 전쟁이 모두 끝났다니, 좀처럼 믿기지 않았다.

"두 분을 대신해서 좋은 날을 잡아 드리죠."

서기 선생이 싱글거리며 말했다.

"언제요?"

나는 다급히 물었다.

"내일 오후 여섯 시요."

"내일이요? 내일이라고 하셨어요?"

몹시 의심스러운 듯한, 또 별로 기뻐하지도 않는 듯한 말투가 튀어나왔다. 서기 선생은 기분이 살짝 상한 모양이었다. 아마 나를 고마워할 줄도 모르는 사람이라 여겼을 것이다.

"호세 씨가 그토록 빨리, 빨리 하고 난리를 치지 않았어요?"

"네, 고맙습니다. 내일 올게요."

나는 몽유병 환자처럼 비틀비틀 내려왔다. 1층 우체국 계단에 털썩 주저앉아 멍하니 사막을 바라보는데 호세 회사의 운전기사가 지프를 몰고 지나가는 모습이 눈에 들어왔다. 나는 재빨리 뛰어가 그를 불렀다.

"무함마드사리 씨, 회사로 가는 길이세요? 그럼 호세에게 좀 전해 주세요. 내일 결혼하게 됐으니까 퇴근하면 저한테 오라고요."

운전기사는 머리를 긁적이면서 이상하다는 듯 말했다.

"호세는 내일 자기가 결혼하는 것도 몰라요?"

"몰라요. 저도 몰랐어요."

나는 큰 소리로 대답했다. 운전기사는 내 모습에 좀 겁먹은 기색을 보이며 삐뚤빼뚤 차를 몰고 가버렸다. 아차, 또 말을 잘못했구나. 그는 틀림없이 내가 결혼을 기다리다 미쳐 버린 줄 알았을 것이다.

호세는 퇴근 시간까지 기다리지 못하고 곧바로 차를 타고 바람처럼 달려왔다.

"정말 내일이야?"

호세는 문을 밀치고 뛰어들면서 못 믿겠다는 듯 물었다.

"정말이야. 부모님께 전보 치러 가자."

나는 호세를 끌고 도로 문을 나섰다.

'죄송해요. 너무 늦게 알려 드렸죠. 사실 저희도 내일 결혼하게 될 줄은 몰랐거든요. 양해해 주세요······.'

호세의 전보는 마치 편지처럼 길었다.

나는 '내일 결혼, 싼마오'라고만 적었다. 하지만 부모님이 이 전보를 받고 얼마나 안심하고 기뻐하실지 잘 알고 있었다.

결혼 이야기

몇 년 동안 이 떠돌이 자식 때문에 얼마나 걱정하며 지내셨는지…… 나는 늘 부모님께 죄송했다.

"내일 뭐 입을 거야?"

호세가 물었다.

"아직 안 정했는데. 아무거나 입지 뭐."

나는 여전히 부모님 생각에 잠겨 있었다.

"휴가 내는 걸 깜박했네. 내일도 출근해야 되잖아."

호세가 좀 짜증스러운 듯 말했다.

"출근해. 저녁 여섯 시에 결혼하는 거니까 한 시간만 일찍 끝내고 오면 되잖아."

그날 결혼하는 사람도 출근할 수 있는 거지 뭐.

"우리 이제 뭐 할까? 전보는 벌써 쳤고."

호세는 이날따라 유난히 덜떨어져 보였다.

"집에 가서 가구 만들자. 탁자에 못 박을 게 남았다며. 나도 커튼을 반밖에 못 만들었어."

"결혼 전날에도 일을 하라고?"

보아하니 호세는 미리부터 결혼을 축하하며 빈들거리고 싶은 것이었다.

"그럼 뭐 하고 싶은데?"

"둘이서 영하 보러 기고 싶어. 내일부터 당신은 내 여자 친구가 아니잖아."

그래서 우리는 사막에서 단 하나뿐인 삼류 영화관에 가서 『그리스인 조르바』를 보았다. 이렇게 나는 나의 처녀 시절에 작별을 고했다.

다음 날 호세가 문을 두드렸을 때 나는 낮잠을 자고 있었다. 물을 큰 통으로 가득 들어 나른 뒤라 몹시 피곤했다.

호세가 고함을 치며 들어왔을 때는 이미 오후 5시가 넘어 있었다.

"빨리 일어나! 선물 가져왔어."

몹시 흥분한 말투였다. 손에는 커다란 상자를 들고 있었다.

나는 맨발로 달려가 얼른 상자를 낚아챘다.

"분명 꽃이야!"

"사막에 무슨 꽃이 있어, 으이그."

내가 알아맞히지 못하자 호세는 조금 실망하는 눈치였다.

허겁지겁 상자를 열어 보니 찢어진 신문지가 아무렇게나 채워져 있었다.

그 속에서, 우왓! 해골의 두 눈이 드러나기 시작했다. 나는 이 뜻밖의 선물을 힘껏 잡아 꺼냈다. 다시 한번 자세히 보니 바로 낙타 해골이었다. 하얀 해골은 완벽한 상태였다. 나를 향해 가지런한 이빨을 드러내고 있었고 두 눈은 깊고 검은 동굴 같았다.

나는 몹시 흥분했다. 정말이지 내 마음에 꼭 드는 선물이었다. 나는 낙타 해골을 책꽂이에 올려놓고 끊임없이 재잘대며 찬사를 보냈다.

"우와! 진짜 멋져. 진짜진짜 멋져!"

역시 호세는 나의 지음知音이었다.

"어디서 났어?"

"직접 찾아다녔지! 사막에서 죽기 직전에 이렇게 완전한 걸 찾아낸 거야. 당신이 좋아할 줄 알았어."

호세가 의기양양하게 말했다. 정말이지 최고의 결혼 선물이었다.

"빨리 옷 갈아입어. 늦겠다."

호세는 시계를 보면서 나를 재촉했다.

나는 예쁜 옷이 많았지만 평소에는 입을 일이 거의 없었다. 호세를 보니 짙푸른 셔츠를 입고 덥수룩했던 수염도 잘 다듬은 모습이었다. 좋아, 나도 푸른 옷을 입어야지. 나는 하늘색 모시 원피스를 꺼내 입었다. 새 옷은 아니지만 소박하고 우아한 분위기였다. 샌들을 신고 머리는 풀어서 늘어뜨리고 들풀로 엮은 챙 넓은 모자를 썼다. 꽃이 없어서 부엌에서 푸성귀를 한

줌 뽑아 모자에 장식했다. 핸드백은 필요 없어서 빈손이었다.

호세가 내 모습을 훑어보았다.

"멋진데, 전원 분위기네. 소박하면서도 아주 예뻐."

우리는 문을 잠그고 사막 속으로 걸어 들어갔다.

시내까지 가려면 빨리 간다 해도 40분이 걸렸다. 차가 없어서 걸어가야 했다. 끝없이 광활한 하늘 아래 가득 펼쳐진 금빛 모래 위를 오직 우리 두 사람의 작은 그림자만이 걷고 있었다. 사방은 죽은 듯이 고요했다. 사막, 바로 이 순간의 사막은 더없이 아름다웠다.

"당신은 아마 걸어서 결혼하러 가는 최초의 신부일 거야."

호세가 말했다.

"나는 낙타를 타고 고함을 지르며 달려가고 싶었다고. 그 기세가 얼마나 웅장하겠어! 너무 아깝다!"

나는 낙타를 타고 가지 못하는 것이 못내 한스러웠다.

법원에 들어서기도 전에 누군가 말했다.

"왔다, 왔어."

처음 보는 사람이 우리에게 달려오더니 사진을 찍었다. 나는 깜짝 놀라 호세에게 물었다.

"사진사 불렀어?"

"아냐. 법원에서 불렀나 봐."

결혼 이야기

호세는 갑자기 긴장했다.

계단을 올라가니 법원 직원들은 모두 양복을 입고 넥타이를 매고 있었다. 그에 비하면 호세는 그냥 구경하러 나온 사람 같았다.

"이런 젠장. 호세, 저 사람들 왜 저렇게 정장을 한 거야? 신경 쓰이게!"

나는 평소 격식을 차리는 의식을 가장 두려워했는데 이번에는 도망칠 수도 없는 상황이었다.

"조금만 참아. 금방 끝날 거야."

호세가 나를 다독거렸다.

서기 선생은 검은 양복을 입고 가느다란 넥타이를 매고 있었다.

"이쪽으로, 이쪽으로 오세요."

서기 선생은 얼굴에 흐르는 땀을 닦을 여유도 주지 않고 나를 안으로 끌고 들어갔다. 작은 예식장 안에는 낯익은 얼굴들이 가득했다. 모두들 미소를 띤 채 호세와 나를 지켜보고 있었다. 세상에! 다들 어떻게 알았을까?

검정색 법의를 입은 법관은 아주 젊어 보였다. 우리 또래 같았다.

"여기 앉으세요."

우리는 꼭두각시처럼 법관이 시키는 대로 했다. 호세를 보니 수염에 땀이 방울방울 맺혀 있었다. 자리에 앉자 서기 선생이 말을 하기 시작했다.

"스페인 법률에 따라 두 사람은 결혼하고 세 가지 사항을 반드시 지켜야 합니다. 지금부터 읽겠습니다. 첫째, 결혼 후 두 사람은 반드시 함께 살아야 합니다……."

이런 쓸데없는 말이 있나! 정말 황당하고 어이가 없었다. 나는 터져 나오는 웃음을 억누르느라 그 다음에 하는 얘기는 하나도 못 들었다. 서기 선생의 말이 끝나자 법관이 내 이름을 부르는 소리가 들렸다.

"싼마오 양."

나는 냉큼 대답했다.

"왜요?"

결혼식에 참석한 사람들이 모두 웃기 시작했다.

"일어나세요."

나는 천천히 자리에서 일어났다.

"호세 군, 일어나세요."

정말 군소리가 많다. 왜 "두 사람은 일어나세요"라고 하지 않는 걸까? 그러면 시간도 수고도 덜 수 있을 텐데.

나는 종이를 든 젊은 법관의 손이 덜덜 떨리는 것을 발견하고 저것 좀 보라고 호세의 팔을 톡 쳤다. 이 사막의 법원에서 정식 결혼식을 치르는 것은 이번이 처음이라 법관이 오히려 우리보다 더욱 긴장한 듯했다.

"싼마오 양, 당신은 호세 군의 아내가 되기를 원하십니까?"

법관이 물었다.

"그럼요!"

"네"라고 해야 하는 건지 알면서도 어떻게 된 일인지 이런 대답이 나와 버렸다. 법관이 웃기 시작했다.

호세에게 똑같이 묻자 호세는 우렁차게 "네!" 하고 대답했다. 나와 호세 모두 대답을 마치자 법관은 무슨 말을 더 해야 할지 모르는 눈치였다. 우리 세 사람은 한참을 우두커니 서 있어야 했다.

마침내 법관이 불쑥 말했다.

"자, 두 사람은 이제 부부입니다. 축하합니다!"

거북했던 의식을 마치는 말을 듣자 나는 곧바로 활기를 되찾고 모자를 벗어 부채질을 했다. 많은 사람이 와서 우리에게 악수를 청했다. 서기 선생은 혼주라도 되는 양 특히 기뻐했다.

갑자기 누군가 말했다.

"어, 당신들 결혼반지는요?"

맞다! 반지는? 몸을 돌려 호세를 찾아보니 벌써 복도를 저만치 걸어가고 있었다. 나는 호세에게 소리쳤다.

"호세, 반지 안 가져왔어?"

호세는 무척 신이 난 듯 큰 소리로 대답했다.

"여기 있어!"

그리고 나서 자기 반지만 꺼내 손가락에 끼더니 법관을 따라가며 소리쳤다.

"법관님! 우리 서류요! 호적 서류가 필요해요!"

내 손가락에도 반지를 끼워 줘야 한다는 사실은 까맣게 잊은 듯했다.

사막에는 음식점이 없었고 우리도 손님들에게 식사를 대접할 예산이 없었기 때문에 결혼식이 끝나자 사람들은 모두 흩어졌다. 우리 둘만이 덩그러니 남아 어쩔 줄 모르고 서 있었다.

"우리 호텔에서 하룻밤 묵을까?"

호세가 물었다.

"집에 가서 밥해 먹자. 호텔에서 하룻밤 자면 일주일치 밥값이 날아간다고."

나는 허투루 돈을 쓰고 싶지 않았다.

그래서 우리는 또다시 사막 속을 걸어 집으로 돌아왔.

잠긴 문 앞에는 커다란 케이크 상자가 놓여 있었다. 상자를 들고 들어가려는데 종이 한 장이 떨어졌다.

"결혼 축하합니다."

호세 동료들이 보낸 선물이었다. 나는 무척 감동했다. 사막에서 신선한 우유가 든 케이크를 맛보는 게 얼마나 행복한 일인지. 더구나 케이크 위에는 결혼 예복을 입은 신랑신부 인형이 서 있는 게 아닌가! 웨딩드레스를 입은 신부 인형은 눈까지 깜빡였다. 나는 어린아이처럼 인형을 케이크에서 뽑으며 외쳤다.

"두 개 다 내 거야!"

"당연히 당신 거지. 설마 내가 그걸 빼앗겠어?"

호세는 케이크를 잘라 한 조각 건네주고는 그제야 내 손가락에 반지를 끼워 주었다. 우리의 결혼식은 이렇게 마무리되었다.

의술로 세상을 구하다

나는 병원에 가는 걸 무척 싫어하는 사람이다. 그렇다고 내가 신체 건강한 사람이란 말은 결코 아니다. 오히려 아침부터 저녁까지 소소한 병치레에 시달리는 통에 일일이 병원을 찾아가기가 귀찮은 거다. 반평생을 사는 동안 커다란 약상자는 나의 보물 상자가 되어 어딜 가든 늘 지니고 다녔다. 그러다 보니 어느 틈엔가 사소한 병은 스스로 돌볼 수 있게 되었다.

지난해에 사하라 사막을 여행할 때 사하라위 할머니의 두통을 아스피린 두 알로 멎게 해준 적이 있었다. 그 뒤로 텐트에서 지내는 며칠 내내 누군가 아이나 노인을 데려와 약을 달라고 졸랐다. 그때 내가 나눠 준 것은 머큐로크롬, 소염 연고, 진통제 등에 지나지 않았지만 문명사회와 완전히 격리되어 있다시피 한 유목민에게 그런 약들은 확실히 커다란 효과가 있었다. 나는 라윤으로 돌아오기 전에 가지고 있던 음식과 약을 모두 천막에 사는 가난한 사람들에게 주고 왔다.

집으로 돌아오고 며칠 뒤, 이웃 여인이 머리가 아프다며 진통제를 달라고 했다. 마을에는 정부에서 운영하는 병원이 있었기 때문에 나는 약을 주는 대신 병원에 가보라고 말했다. 그런데 뜻밖에도 이곳 여인들은 모두 나와 같은 부류로 병이 나도 절대 의사를 찾지 않았다. 이유는 달랐다. 의사가 남자이기 때문이었다. 온몸을 천으로 감추고 사는 이곳 여인들은 병이 나서 죽으면 죽었지 의사에게 몸을 보일 수는 없다는 것이었다. 나는 어쩔 수 없이 이웃에게 진통제 두 알을 주었다.

그때부터 시작해서, 누가 홍보했는지 모르겠지만 사방에서 부녀자들이 나를 찾아와 병을 봐달라고 했다. 내가 약뿐만 아니라 가끔 서양 옷을 주기도 해서 그들은 더욱 기뻐했다. 이리하여 나를 찾아오는 사람들은 점점 많아졌다.

그들이 죽어도 의사에게 가지 않을 거라면, 내가 그들의 고통을 덜어 줄 수 있고 동시에 내 사막 생활의 외로움도 떨쳐버릴 수 있으니 일거양득이라는 생각이 들었다. 생명이 위태로운 병으로 찾아오는 게 아니라면 말이다. 게다가 내가 약을 준 부녀자와 아이들 80피센트가 병이 나았다. 그러자 나는 섬

점 담이 커져서 때로는 왕진을 하러 가기에 이르렀다.

호세는 내가 사람들을 치료하는 모습이 인형놀이 하는 것처럼 보였는지 나 대신 식은땀을 흘리곤 했다. 호세는 내가 돌팔이 의사 놀이를 하고 있다고만 생각했지 그 뒤에 숨어 있는 나의 크나큰 애정은 알지 못했다.

옆집에 사는 열 살 소녀 쿠카가 결혼할 때가 되었다. 혼례를 보름쯤 앞두고 쿠카의 허벅지에 빨간 종기가 하나 났다. 처음에는 동전만 했고 곪지도 않은 상태였다. 살갗이 팽팽하게 부어오른 게 만져 보니 매우 딱딱했다. 임파선에도 혹이 두 개 생겨나 있었다.

다음 날 다시 가보니 허벅지의 종기가 복숭아씨만 하게 커져 있었다. 쿠카는 낡은 깔개에 누운 채 매우 아파하며 끙끙 신음을 했다.

"안 되겠어요, 병원에 가야 해요!"

나는 쿠카 엄마에게 말했다.

"여기서는 여자애를 남자 의사에게 보일 수 없어요, 더구나 쿠카는 곧 시집갈 앤데."

쿠카 엄마는 매우 완강하게 거부했다. 나는 할 수 없이 연고를 주고 소염제를 복용하게 했다. 이렇게 사흘이 지났지만 쿠카는 조금도 나아지는 기색이 없었다. 나는 다시 쿠카 아빠에게 말했다.

"의사에게 데려가는 게 어때요?"

"안 돼요, 안 돼!"

대답은 마찬가지였다.

그때 문득 집에 메주콩이 좀 남아 있는 게 생각났다. 달리 방법이 없으니 아프리카 사람에게도 중국식 처방을 해보자. 나는 집으로 돌아와 메주콩을 갈기 시작했다.

부엌에서 뭔가 소리가 나자 호세가 머리를 들이밀며 물었다.

"먹을 거 만들어?"

"중국 약 만드는 거야. 쿠카한테 발라 주려고."

호세는 어리둥절해 있다가 또 물었다.

"콩으로 어떻게 약을 만들어?"

"오래된 민간요법이야. 중국 의학 책에서 봤어."

내 말에 호세는 대단히 못마땅하게 말했다.

"이곳 여자들은 왜 의사에게 갈 생각은 않고 당신을 더 믿는 거야? 이건 당신 스스로 불구덩이에 뛰어드는 거라고!"

나는 메주콩을 찧어 만든 묽은 연고를 그릇에 부으면서 대꾸했다.

"나는 아프리카의 무의巫醫다."

나는 곧장 쿠카의 집으로 가서 메주콩 연고를 쿠카의 종기 위에 바르고 헝겊으로 덮어 두었다. 다음 날 가서 보니 종기가 물렁물렁해져 있었다. 다시 메주콩을 발라 주고 돌아왔다. 사흘째에는 피부 아래가 노랗게 곪아 있었다. 나흘째 되는 날 드디어 종기가 터져 고름이 잔뜩 쏟아져 나오고 피도 나왔다. 나는 그 자리에 물약을 발라 주었다. 며칠 뒤 쿠카의 허벅지는 씻은 듯이 나았다.

호세가 퇴근해 돌아오자 나는 의기양양하게 말했다.

"처방이 좋았어."

"그 메주콩 처방 말이야?"

"그래."

"당신네 중국 사람들은 정말 신통방통하다니까!"

호세는 도무지 이해할 수 없다는 듯 고개를 절레절레 흔들었다.

하루는 이웃에 사는 하티가 찾아왔다.

"사막에 사는 사촌 동생이 우리 집에 왔는데 금방 죽을 것 같아요. 와서 좀 봐주세요!"

금방 죽을 것 같다는 말에 나는 선뜻 대답하지 못하고 망설

의술로 세상을 구하다

였다.

"무슨 병인데 그래?"

"몰라요. 동생은 원래 몸이 약한데요, 머리가 어지럽고 눈이 조금씩 안 보인대요. 너무 삐쩍 말라서 당장 숨이 넘어갈 것 같아요."

하티의 생생한 설명을 듣자 궁금증이 모락모락 피어올랐다. 그때 방 안에서 우리 대화를 엿듣고 있던 호세가 다급하게 소리쳤다.

"싼마오, 남의 일에 그만 좀 끼어들어!"

나는 할 수 없이 하티에게 나직하게 말했다.

"하티, 조금 이따 갈게. 남편이 출근해야 갈 수 있겠어."

하티가 문을 닫고 나가자 호세는 대뜸 나에게 고함을 쳤다.

"그 여자애가 만에 하나 진짜 죽기라도 하면 다 당신 탓이 되는 거야! 의사에게 죽어도 안 가겠다면 죽어도 싸!"

"그들은 지식이 없을 뿐이야. 가엾잖아……."

나는 이렇게 항변했지만 사실 호세의 말은 일리가 있었다. 그러나 나는 궁금증을 참을 수 없었고 담도 커질 대로 커진 상태라 그 말을 들을 수가 없었다. 호세가 출근하기를 기다렸다가 곧바로 집을 나섰다.

히티네 집에 가보니 장작개비처럼 비썩 마른 소녀가 바닥에 누워 있었다. 움푹 파인 두 눈은 마치 깊은 동굴 같았다. 이마를 짚어 보니 열은 없고 혓바닥, 손톱, 눈동자도 모두 건강해 보였다.

어디가 아프냐고 물어보았더니 소녀는 알아들을 수 없는 말을 중얼거렸다. 하티가 아랍어로 통역해 주었다.

"눈이 점점 어두워지고 귀가 웅웅 울리고 기운이 하나도 없어서 일어나질 못하겠대요."

그때 나의 신기가 발동했다.

"사촌 동생은 대사막에 있는 천막에 사니?"

하티가 고개를 끄덕였다.

"제대로 못 먹었겠구나?"

"거긴 원래 먹을 게 없잖아요."

"잠깐만 기다려."

나는 얼른 집으로 뛰어가 고함량 비타민 열다섯 알을 가져와서 하티에게 건네주었다.

"하티, 너네 집 양 한 마리만 잡아도 되니?"

하티는 얼른 고개를 끄덕였다.

"그럼 사촌 동생한테 이 비타민을 하루에 두세 번씩 먹이고 양고기 국물을 줘라."

이렇게 열흘이 지났다. 하티의 묘사에 따르면 당장이라도

의술로 세상을 구하다

죽을 것만 같던 사촌 동생은 제 발로 걸어 우리 집에 와서는 또렷한 정신으로 반나절이나 놀다 돌아갔다.

집에 돌아온 호세가 그 광경을 보더니 웃기 시작했다.

"어떻게 다 죽어 가는 사람을 고쳤어? 무슨 병이었어?"

나는 배시시 웃으며 대답했다.

"병은 무슨. 아주아주 심각한 영양실조였어!"

"당신이 그걸 어떻게 알아냈어?"

"그냥 저절로."

아주 조금이지만 호세가 내 말에 수긍하는 것이 느껴졌다.

우리 집은 소도시 라윤의 변두리에 있었다. 유럽 사람은 거의 살지 않는 곳인 데다가 호세와 나도 현지 사람을 사귀는 게 좋았다. 그래서 우리 친구들은 대부분 사하라위족이었다.

나는 평일에는 무척 한가했기 때문에 집에서 무료 학교를 열고 사하라위 여인들에게 숫자 세는 법이나 돈의 단위 등을 가르쳤다. 진도가 빠른 학생에게는 1+1=2 따위의 간단한 산수도 가르쳤다. 나에게는 일곱에서 열다섯 명의 학생이 있었는데 자기네 내키는 대로 나왔다 말았다 했다. 우리 학교는 아주 자유로운 학교였다.

하루는 한 학생이 수업이 시작됐는데도 딴청을 피우면서

책꽂이로 가더니 책 한 권을 뽑아 들었다. 『아기의 탄생』이라는 스페인어 책으로 도표와 그림, 컬러 사진이 곁들여져 여성이 어떻게 임신을 하고 아기를 낳는지 아주 상세하게 설명되어 있었다.

나의 학생들은 이 책을 보자마자 호기심이 발동했다. 산수 공부는 즉시 집어치우고 그 책을 공부하면서 2주일을 보냈다. 그들은 사진을 보면서 놀라움의 탄성을 질렀다. 이제껏 한 생명이 어떻게 생겨나는지 전혀 몰랐던 모양이었다. 학생들 중에는 아이를 서넛 낳은 엄마들도 있었는데 말이다.

"세상에 참 별일이 다 있군. 애를 낳아 보지도 못한 선생이 애 엄마들에게 아기가 어떻게 생겨 낳게 되는지를 가르치다니!"

호세는 웃음을 참지 못했다.

"전에는 그냥 낳을 줄만 알았는데 이제 그게 어떻게 된 일인지 알게 된 거야. 이게 바로 '지난행이知難行易*'의 이치지."

적어도 그 여인들의 상식을 넓혀 준 것만은 틀림없었다. 비록 그 상식이 그들의 생활을 더욱 행복하고 건강하게 해주지

---

* '알기는 어려우나 일단 알고 나면 행하기는 매우 쉽다'는 뜻으로 5·4운동 시기 중국의 국부 쑨원이 실행을 위해서는 먼저 아는 일이 급선무라고 인식하고, 전통적인 '지이행난知易行難(도리를 알기는 쉬우나 실행하기는 어렵다)' 사상을 비판하며 설파한 주장이다.

는 못했을지라도.

어느 날, 학생들 가운데 한 명인 파티마가 말했다.

"싼마오, 내가 아이 낳을 때 와서 봐줄 수 있어요?"

나는 말문이 막혀 파티마를 멍하니 바라보았다. 거의 날마다 파티마를 보아 왔는데도 임신 중이란 사실은 전혀 모르고 있었다.

"지금 몇 개월인데요?"

하지만 파티마는 숫자를 셀 줄 몰랐으므로 당연히 몇 개월인지도 몰랐다. 나는 한참을 설득한 끝에 머리끝에서 발끝까지 휘감은 천을 벗겨내고 긴 치마를 입은 파티마의 모습을 볼 수 있었다.

"전에는 누가 도와줬어요?"

파티마는 이미 세 살짜리 아들이 있었다.

"우리 엄마요."

"그럼 이번에도 엄마를 불러요. 난 못 해요."

파티마는 고개를 떨구며 말했다.

"엄마는 못 오세요. 돌아가셨어요."

이 말에 나는 잠시 침묵하다가 입을 열었다.

"그러면 병원에 가서 낳지 그래요? 무섭지 않을 거예요."

"안 돼요, 의사가 남자잖아요."

파티마는 대뜸 거절했다. 배를 보아하니 8개월은 된 듯싶었다. 나는 한참을 망설이다 말했다.

"파티마, 나는 의사가 아니에요. 아직 아이를 낳아 본 적도 없고요. 당신 아이를 받아 줄 수 없어요."

파티마는 금방이라도 울음을 터뜨릴 듯이 말했다.

"부탁이에요. 책에 그렇게 자세히 나와 있잖아요! 제발 도와줘요, 부탁이에요……."

파티마의 간청에 마음이 약해졌지만, 아무리 생각해도 못할 일이었다. 나는 마음을 굳게 먹고 다시 말했다.

"안 돼요. 그렇게 막 부탁하지 말아요. 당신 목숨을 내 손에 맡길 거예요?"

"괜찮아요. 내가 얼마나 건강한데요! 나 스스로 낳을 수 있어요. 당신은 옆에서 조금만 도와주면 돼요."

"나중에 다시 얘기해요!"

나는 확답을 하지 못했다.

그러고 나서 한 달이 지났다. 나는 그 일을 새까맣게 잊고 있었다. 그런데 어느 날 황혼 무렵, 낯선 소녀가 와서 다급하게 문을 두드렸다.

내가 문을 열자 소녀는 "파티마, 파티마"라고만 되풀이했다. 나는 급히 뛰어나가며 소녀에게 말했다.

"가서 파티마 남편을 불러와. 알아들었니?"

소녀는 고개를 끄덕이며 나는 듯이 달려갔다.

파티마의 집에 가보니 파티마는 바닥에 누워 매우 고통스러워하면서 식은땀을 흘리고 세 살배기 아들은 그 옆에서 울고 있었다. 파티마가 누운 자리는 흥건하게 젖어 있었다.

나는 아이를 안고 옆집으로 달려갔다. 그 집에 아이를 맡겨놓고, 또 다른 이웃집 중년 부인에게 몇 번이나 부탁한 끝에 그녀를 데리고 파티마의 집으로 왔다. 이 아프리카 여인은 이웃 간의 정이라고는 눈곱만치도 없는지 대단히 떨떠름한 얼굴이었는데 파티마의 상태를 보더니 불같이 화를 내며 아랍어로 나에게 욕을 퍼부었다. 그러더니 고개를 돌리고 쌩 가버리는 게 아닌가!(나중에 알고 보니 이곳에서는 아이 낳는 장면을 보는 것을 매우 불길하게 여겼다.)

나는 할 수 없이 파티마에게 말했다.

"걱정 말아요, 집에 가서 필요한 물건 좀 챙겨 올게요. 금방 올게요."

나는 미친 듯이 집으로 뛰어갔다. 들어가자마자 곧바로 책장으로 돌진해 책을 뽑아 들고 출산에 관한 부분을 펼쳐 잽싸게 읽어 내려갔다.

"가위, 솜, 소독약, 또 뭐가 필요하지?"

그제야 나는 호세가 이미 돌아와서 어안이 벙벙한 얼굴로 나를 지켜보고 있는 것을 알아차렸다.
"어휴, 좀 긴장되네. 그 상황을 봐놓고 안 할 수도 없고!"
나는 호세에게 조그맣게 말했다. 몸이 가볍게 떨렸다.
"뭐 하려고? 뭐 하려는 건데?"
호세도 무의식중에 내 긴장에 감염되어 있었다.
"아이 받으러 가! 양수가 터졌어."
나는 한 손에는 책을 펴 들고 다른 한 손에는 솜뭉치를 든 채 가위를 찾아 이리저리 헤맸다.
"미쳤구나! 못 가!"
호세가 책을 빼앗으며 외쳤다.
"당신은 애도 안 낳아 봤잖아. 그 여자를 죽이려고 그래?"
호세는 큰 소리로 윽박질렀다. 나는 비로소 정신을 좀 차렸지만 계속 억지를 부렸다.
"책이 있잖아. 출산에 대한 비디오도 봤고……."
"절대 못 가!"
호세는 나를 못 가게 꽉 붙들었다. 나는 양손에 물건을 들고 있어서 팔꿈치로 호세의 갈비뼈를 마구 때리면서 몸부림쳤다.
"이 동정심이라고는 눈곱만큼도 없는 냉혈 동물아! 이거 놔?"

"못 놔. 절대 못 가!"

호세는 고집스럽게 나를 붙들고 놓아주지 않았다.

호세와 밀고 밀치며 한창 싸우고 있는데, 문득 창문 밖에 파티마의 남편이 당혹스러운 얼굴로 서 있는 모습이 보였다. 호세는 나를 놓아주고 그에게 소리쳤다.

"싼마오는 아이를 받을 줄 몰라요. 이 여자 때문에 당신 부인이 큰일 날 수도 있다고요! 내가 차를 빌려 올 테니까 지금 당장 병원에 가요!"

파티마는 결국 병원에서 아들을 순산했다. 파티마는 현지 사람이라 병원비도 무료였다. 그 뒤로 파티마는 대단한 자부심을 갖게 되었다. 이곳에서 처음으로 병원에서 아이를 낳은 여자였기 때문이다. 의사가 남자라는 사실은 더 이상 문제 되지 않았다.

어느 맑은 날 아침, 옥상에서 빨래를 널다가 집주인이 옥상에 만들어 놓은 양 우리에서 작은 양 두 마리를 발견했다. 나는 몹시 흥분해서 큰 소리로 호세를 불렀다.

"빨리 올라와 봐, 귀여운 새끼 양 두 마리가 태어났어!"

호세는 뛰어 올라와 양들을 보더니 입맛을 다셨다.

"이런 새끼 양은 구워 먹는 게 제격인데."

나는 화를 버럭 냈다.

"어떻게 그렇게 흉악한 소리를 하나?"

나는 재빨리 새끼 양들을 어미 양 곁으로 밀어 놓았다. 그때 어미 양의 꽁무니에 늘어진 심장처럼 생긴 덩어리를 발견했다. 태반 같았다.

사흘이 지났지만 그 커다랗고 더러운 덩어리는 어미 양의 몸에 그대로 매달려 있었다.

"잡아먹어야겠어!"

집주인이 말했다.

"어미 양을 죽이면 새끼 양은 뭘 먹고 살아요?"

나는 다급히 어미 양을 구할 이유를 찾아냈다.

"저렇게 태반을 달고 다니다간 금방 죽어요."

집주인이 말했다.

"제가 고쳐 볼게요. 아직 죽이지 마세요."

나도 모르게 이런 말이 튀어나왔지만 어미 양을 어떻게 치료해야 할지 도무지 알 수가 없었다. 나는 집에 들어앉아 한참을 골똘히 생각했다.

그래! 나는 포도주 한 병을 가져다 옥상에 묶여 있는 어미 양에게 억지로 먹였다. 취해서 죽지만 말아 다오, 그러면 나을 가능성이 충분한데…… 우연히 농부에게 들은 방법을 기억해

의술로 세상을 구하다

낸 것이었다.

다음 날 집주인이 와서 말했다.

"양이 다 나았어요. 뱃속에 있던 더러운 것들이 전부 쏟아져 나왔어요. 아주 좋아졌어요! 도대체 어떻게 고친 거예요? 정말 고마워요!"

나는 웃으면서 나지막이 대답했다.

"포도주를 한 병 먹였어요."

"고마워요, 고마워요!"

집주인이 다시 한번 말했다. 그런데 생각해 보니 이슬람교도는 술을 마셔서는 안 되니 그의 양도 마찬가지일 성싶었다. 집주인은 당혹스러운 표정으로 돌아갔다.

이렇듯 나의 의술은 누구에게나 효과가 있었다. 다만 호세만은 나를 무척 두려워해서 절대로 자신을 치료할 기회를 주지 않았다. 신뢰감을 주려고 갖은 애를 써봤지만 소용이 없었다.

하루는 호세가 배가 아프다고 했다. 나는 '시롱U'라는 가루약 한 봉지를 주면서 물과 함께 꿀꺽 삼키라고 했다.

"뭔데?"

"일단 먹어. 나도 효과를 본 거야."

강요에 못 이겨 호세는 억지로 약을 삼켰지만 마음이 놓이지 않는지 약봉지를 자세히 들여다보았다. 봉지 위에 씌어 있는 중국어는 해독할 수 없었지만 공교롭게도 한옆에 조그맣게 적혀 있는 'Vitamin-U'라는 알파벳을 발견했다. 호세는 울상이 되었다.

"설마 하니 비타민 중에 비타민U도 있단 말이야? 그것도 복통을 치료하는 게?"

솔직히 나도 잘 몰랐다. 약봉지를 빼앗아 살펴보니 과연 Vitamin-U라는 글씨가 보였다. 나는 한참 동안 배를 잡고 웃어댔다. 아무튼 호세의 복통은 깨끗이 나았다.

사실 나는 사람보다 동물 치료에 더욱 심취해 있었지만, 지난번 파티마의 출산 때 호세가 어찌나 혼비백산했는지 수의사 노릇까지 하고 다닌다는 얘기는 입 밖에도 내지 않았다. 차츰 호세는 내가 의사 놀이에 싫증 났다고 여기게 되었다.

지난주에 호세는 사흘간 휴가를 얻었다. 춥지도 덥지도 않은 날씨라 우리는 지프를 빌려 사하라 사막을 횡단하면서 야영을 하기로 했다.

문 앞에서 아이스박스와 텐트, 음식 등을 차에 싣고 있을 때 이웃 여자가 찾아왔다. 그녀는 베일로 얼굴을 가린 채 호쾌한 걸음걸이로 우리에게 다가왔다.

내가 뭐라 말을 꺼내기도 전에 그녀는 아주 명랑하게 호세

의술로 세상을 구하다

에게 말했다.

"당신 부인은 정말 대단해요. 부인이 내 이를 때워 줬는데 한참이 지나도 아프지 않네요."

순간 긴장한 나는 화제를 바꾸려고 큰 소리로 외쳤다.

"어, 식빵이 어디 있지? 도대체 보이질 않네!"

몰래 낄낄대는 나를 보며 호세가 구겨진 얼굴로 물었다.

"실례합니다만, 치과는 또 언제 여셨습니까?"

변명거리가 없어서 나는 머리를 꼿꼿이 세우고 대꾸했다.

"지난달에."

"몇 사람이나 이를 때워 주셨는데요?"

호세도 웃기 시작했다.

"부인 두 명, 아이 한 명. 다들 병원에 가기 싫다는 거야. 그래서 할 수 없이…… 진짜 잘 때워 줬어. 다들 아프지도 않고 음식도 씹을 수 있대."

이건 틀림없는 사실이었다.

"뭘로 때워 주셨기에?"

"그건 말 못 해."

나는 황급히 대답했다.

"말하지 않으면 사하라 야영은 취소야."

이런 치사한 방법으로 날 협박하다니, 할 수 없지! 나는 우선 호세에게서 좀 떨어진 다음 조그맣게 말했다.

"떨어지지도 않고, 물도 스며들지 않고, 접착력도 강하고, 냄새도 향기롭고, 빛깔도 예쁜 거. 뭐게?"

"뭔데?"

호세는 대뜸 물었다. 도대체 머리는 왜 달고 다니냐!

"매―니―큐―어!"

나는 큰 소리로 대답했다.

"뭐야! 매니큐어로 이를 때워!"

호세는 깜짝 놀라서 머리카락이 전부 곤두섰다. 만화 속 주인공처럼 우습기 짝이 없었다. 나는 깔깔 웃으며 안전지대로 달아났다. 호세가 정신을 차리고 쫓아오려 했지만 아프리카의 무의는 이미 줄행랑을 친 뒤였다.

의술로 세상을 구하다

황야의 밤

✸

일터에서 돌아온 호세는 평소처럼 문을 밀고 들어오는 대신 차 안에서 클랙슨을 빵빵 울려댔다. '싼마오, 싼마오' 하고 부르는 소리 같았다. 붓글씨를 끼적거리던 나는 그 소리에 붓을 내려놓고 창가로 달려갔다.

"왜 안 들어와?"

"작은 새랑 거북이랑 조개 화석이 있는 데를 알아냈는데, 갈래?"

나는 펄쩍 뛰어오르며 서둘러 대답했다.

"갈래, 갈래!"

"그럼 빨리 나와!"

호세가 다시 큰 소리로 외쳤다.

"옷 갈아입게 조금만 기다려. 먹을 거랑 담요도 챙겨야지."
나는 창밖을 향해 소리를 지르면서 바삐 떠날 채비를 했다.
"빨리빨리 해, 이것저것 챙겨 갈 필요 없어! 두세 시간이면 돌아올 거야."

내 성미도 워낙 급한 데다가 호세가 자꾸 재촉하는 바람에 나는 발등까지 오는 원피스를 입고 슬리퍼를 신은 채로 단 1초 만에 뛰쳐나갔다. 문을 나서는 순간 문 옆에 걸려 있던 가죽 술병을 오른손으로 낚아챘다. 그 안에는 포도주가 1리터쯤 들어 있었다. 이렇게 모든 준비를 마쳤다.

"좋아, 가자!"

나는 차에 앉아서도 신이 나서 엉덩이를 들썩였다.

"왕복 240킬로미터니까, 세 시간은 차를 타고 한 시간은 화석을 찾고 하면 열 시쯤엔 돌아와서 저녁 먹을 수 있겠다."

호세가 중얼거렸다.

왕복 200킬로미터가 넘는다는 말에 나도 모르게 서쪽으로 기우는 태양을 바라보았다. 돌아가자고 하고 싶었다. 그러나 이 인간은 차를 사고 나자 내면에 잠재해 있던 차에 대한 사랑이 폭발해 버렸고, 더군다나 한번 마음먹으면 좀처럼 생각을 바꾸지 않는 O형 인간이었다. 나는 해 질 무렵 먼 길을 떠나는 것이 좀 불안했지만 반대하는 말을 한 마디도 꺼내지 못했다.

도로를 따라 소도시의 남쪽으로 20킬로미터쯤 달려가자 검문소에 이르렀다. 길은 검문소에서 끝나고 우리는 끝없는 사막으로 들어서려는 참이었다.

보초병이 차창으로 다가와 우리를 보고 말했다.

"아, 또 두 분이네요. 이 시간에 어디를 가십니까?"

"별로 안 멀어요. 부근 30킬로미터 안이에요. 아내가 선인장을 갖고 싶대서요."

호세는 이렇게 말하고 쏜살같이 내뺐다.

"왜 거짓말을 해?"

"안 그랬으면 안 보내 줬을걸! 생각해 봐. 이 시간에 그렇게 멀리 가게 놔두겠어?"

"만에 하나 사고라도 나면? 그 사람한테 방향이랑 거리랑 다 엉터리로 말했잖아! 우리를 어떻게 찾으라고?"

"어차피 못 찾아. 지난번에 그 히피들이 어떻게 죽었는지 알잖아."

호세는 사람을 더욱 불안하게 만드는 소리를 했다. 그 히피들의 참사는 우리가 직접 목격한 일이었다.

저녁 6시가 되어 가고 있었다. 해가 곧 떨어지려 했지만 사방은 아직도 눈부시게 밝았다. 바람에는 어느새 찬 기운이 감돌았다.

우리는 모래 위를 바람처럼 달렸다. 사람들이 앞서 지나간 바큇자국을 따라갔다. 자갈이 가득한 사막은 시선이 닿지 않는 먼 곳까지 평평하게 뻗어 있었다. 신기루가 왼쪽에 하나, 오른쪽에 두 개가 나타났다. 작은 수풀에 둘러싸인 오아시스 신기루였다.

들리는 거라곤 바람 소리뿐이었다. 죽은 듯이 적막한 대지는 가만히 누워 있는 무시무시한 거인이고 우리는 그의 몸 위를 달리는 것만 같았다.

"언젠가 우리는 이 황량한 벌판에서 죽고 말 거야."

나는 한숨을 쉬며 창밖을 바라보았다.

"왜?"

차는 덜컹거리며 질주하고 있었다.

"우리가 하루 종일 달리면서 사막을 못살게 굴었잖아. 그의 화석을 캐고, 그의 식물을 뽑고, 그의 짐승들을 쫓고, 사이다 병이며 종이 상자며 온갖 쓰레기를 그의 몸 위에 버려대고, 또 차바퀴로 마구 짓밟고 다니잖아. 사막은 그러는 게 싫대. 그러니까 우리 목숨으로 배상하래. 이렇게. 우우우우…… 우우우우……."

나는 이렇게 말하면서 내 목을 조르는 시늉을 해 보였다.

호세가 껄껄 웃었다. 호세는 내가 지껄이는 헛소리를 듣는 것을 좋아했다.

나는 차창을 모두 올렸다. 기온이 알게 모르게 많이 떨어져 있었다.

"미궁산迷宮山이다."

호세가 말했다.

나는 고개를 들어 지평선 끝을 바라보았다. 저 멀리 보이던 조그만 까만 점들이 서서히 커졌다. 미궁산은 부근 300킬로미터 안에 있는 유일한 산인데 사실은 산이 아니라 황무지에 쌓인 거대한 모래 더미들이 반경 20~30킬로미터 안에 둥글게 흩어져 있는 것이었다.

이 모래 산들은 바람이 불어 쌓인 것이어서 모두 똑같은 아치형이었다. 마치 하늘에 있는 거대하고 신비로운 손이 반달한 무리를 그러쥐어 사하라 사막에 내려놓은 것 같았다. 높이 100미터쯤 되는 모래 더미가 일정한 간격으로 늘어선 모습이 정말 신기하기 그지없었다. 그 속으로 들어가 조금만 방심했다가는 이내 방향을 잃고 만다. 그래서 나는 이곳에 '미궁산'이라는 이름을 붙여 주었다.

미궁산은 점점 가까워졌다. 마침내 첫 번째 모래 더미가 눈앞에 우뚝 섰다.

"들어갈 거야?"

나는 조심스럽게 물었다.

"그럼. 미궁산으로 들어가서 오른쪽으로 돌아나가 15킬로미터쯤 가면 화석이 있다고 들었어."

"금방 일곱 시 반이 되는데. 귀신이 못 나가게 할 거야."

나는 입술을 깨물었다. 왠지 모르게 마음이 불안했다.

"미신이야. 귀신이 어디 있다고."

호세는 개의치 않았다. 이 인간은 담이 크고 조심성이 없는 데다가 바위처럼 고집불통이었다. 결국 우리는 미궁산으로 들어가 모래 더미를 끼고 돌았다. 태양은 등 뒤에 있었다. 우리는 동쪽으로 방향을 잡았다.

미궁산은 이번에는 우리를 홀리지 않았다. 30분도 못 되어 미궁산을 빠져나와 다시 앞쪽으로 차를 몰았다. 하지만 길을 알려 주는 바큇자국들은 모조리 사라져 있었고 우리는 이 일대를 잘 알지 못했다. 더군다나 우리는 사막을 달리기에는 부적합한 보통 자동차에 앉아 있었다. 좀처럼 마음이 놓이지 않았다. 호세가 차에서 내려 모래땅을 살펴보았다.

"돌아가자!"

나는 이미 화석을 찾겠다는 마음이 싹 가셨다.

"안 돌아가."

호세는 내 말에는 아랑곳하지 않고 또다시 낯선 땅을 향해

황야의 밤

질주했다. 2~3킬로미터를 더 달리자 눈앞에 저지대가 펼쳐졌다. 붉은빛이 도는 커피색 땅 위로는 옅은 회색 안개가 자욱하게 깔려 있었다. 수천만 년 전, 이 땅 위로 아주 큰 강이 흘렀던 것 같았다.

"저리 내려갈 수 있겠다."

호세는 커다란 비탈을 따라 천천히 미끄러져 내려가다 차를 세우고 다시 한번 차에서 내려 바닥을 살폈다. 나도 따라 내려가서 흙을 한 움큼 쥐고 살펴보았다. 흙은 모래가 아니라 축축한 진흙이었다. 나는 몸을 일으켰다. 사막에 웬 진흙인지 영문을 알 수가 없었다.

"싼마오, 당신이 운전해. 내가 앞에서 뛰어갈게. 내가 손짓하면 차를 세우고 움직이지 마."

호세는 말을 마치자마자 뛰기 시작했다. 나는 호세와 일정한 거리를 유지하면서 천천히 나아갔다.

"어때?"

호세가 물었다.

"괜찮아."

나는 차창 밖으로 고개를 내밀고 대답했다.

호세는 나에게서 점점 멀어지더니 저만치 앞에서 몸을 돌려 뒷걸음치면서 내게 앞으로 오라고 손짓했다.

그 순간, 호세 뒤쪽의 진흙땅에서 부글부글 거품이 이는 것이 보였다. 뭔가 불길했다. 나는 황급히 차를 세우고 고함을 질렀다.

"조심, 조심해! 멈춰……."

나는 차에서 뛰어내려 호세에게 달려갔다. 그러나 호세는 이미 그 거대한 진흙 늪에 발을 들여놓고 말았다. 진흙이 단숨에 호세의 무릎까지 삼켰다. 호세는 당황해서 고개를 돌려 보더니 비틀거리며 몇 발짝 떼었다. 그러나 진흙은 순식간에 허벅지까지 삼켜 버렸다. 호세는 안간힘을 쓰면서 빠져나오려 했지만 금방이라도 진흙 속으로 넘어질 것만 같았다. 호세가 발버둥 치면 칠수록 우리 사이는 점점 멀어지기만 했다.

나는 아무 말도 못 한 채 우뚝 서 있었다. 너무 놀라 온몸이 얼어붙어 버렸다. 도저히 믿을 수가 없었다. 그러나 눈앞에 펼쳐진 광경은 틀림없는 실제 상황이었다! 이 모든 일이 단 몇 초 사이에 벌어진 것이다.

호세는 이제 발을 들어 올리기도 힘겨운 처지였다. 진흙 늪은 금방 호세를 삼켜 버릴 기세였다. 그때 호세의 오른쪽으로 2미터쯤 되는 지점에 튀어나와 있는 바위 하나가 눈에 들어왔다. 나는 미친 듯이 소리 질렀다.

"오른쪽으로 가, 거기 있는 돌을 붙잡아!"

바위를 발견하자 호세는 있는 힘을 다해 그쪽으로 움직여 갔다. 진흙은 이미 허리까지 차올라 있었다. 나는 멀리서 그 모습을 바라볼 뿐 속수무책이었다. 온몸의 신경줄이 모두 끊어지는 것만 같았다. 이건 악몽일 거야.

호세의 두 손이 진흙 속에 튀어나온 돌을 잡는 순간 나는 비로소 정신을 차렸다. 곧바로 차로 달려가 호세를 끌어낼 수 있는 물건을 찾았다. 그러나 차 안에는 내가 가져온 술병과 빈 병 두 개, 『연합신문』 한 뭉치뿐이었고 트렁크에도 공구 상자만 덩그러니 들어 있었다.

다시 진흙 늪으로 뛰어갔다. 호세는 아무 소리도 못 내고 넋 놓고 나만 바라보고 있었다.

나는 미친 듯이 사방으로 뛰어다녔다. 제발 한 가닥의 줄이라도, 나무판자라도, 아니면 아무 물건이라도 떨어져 있어 다오. 그러나 주위에는 모래와 자갈뿐 다른 것은 아무것도 없었다.

호세는 하반신이 진흙 속에 잠긴 채 바위를 부둥켜안고 있었다. 조금은 더 버틸 수 있을 것이다.

"호세, 끌어낼 만한 걸 못 찾았어. 조금만 참아!"

나는 호세에게 소리쳤다. 우리는 15미터쯤 떨어져 있었다.

"괜찮아, 괜찮아."

호세는 도리어 나를 안심시키려 했지만 목소리는 이미 살

라져 있었다.

오직 바람 소리와 자욱하게 날리는 모래뿐이었다. 앞에는 광대한 진흙 늪, 뒤로는 미궁산. 나는 돌아서서 해를 바라보았다. 해는 빠르게 떨어지고 있었다. 다시 몸을 돌려 보니 호세 역시 지는 해를 보고 있었다.

사막의 노을은 아름답기 그지없지만 지금은 그걸 감상하고 있을 상황이 아니었다. 차가운 바람이 쉬지 않고 몰아쳤다. 나는 내가 걸친 얇은 옷을 보다가 다시 거품이 이는 진흙 늪에 빠진 호세를 보았다. 그리고 또다시 몸을 돌려 애꾸눈 괴물의 커다란 붉은 눈동자 같은 태양을 바라보았다. 괴물이 이제 막 눈을 감으려는 순간이었다.

몇 시간 안에 기온이 영하로 떨어질 것이다. 호세를 늪에서 꺼내지 못한다면 무참히 얼어 죽을 것이다.

"싼마오, 차 타고 가서 사람을 불러와!"

호세가 소리쳤다.

"당신만 놔두고 어떻게 가!"

나는 갑자기 감정이 격해졌다.

앞에 있는 미궁산을 보니 내가 가야 할 방향을 알 수 있었다. 그러나 미궁산에서 검문소까지 가서 사람을 데리고 돌아올 때쯤이면 날은 이미 어두워져 있을 것이다. 그러면 미궁산

황야의 밤

으로 돌아와 호세가 있는 곳을 찾아오는 것은 불가능하다. 날이 밝을 때까지 기다릴 수밖에 없다. 그때는 이미 호세가 얼어 죽은 다음이겠지.

태양은 이제 완전히 사라졌다. 기온이 급격히 내려갔다. 사막의 밤에 나타나는 필연적인 현상이었다.

"싼마오, 차에 타! 그러다 얼어 죽어!"

호세가 화를 내며 소리쳤으나 나는 여전히 늪 기슭에 쪼그리고 있었다.

호세는 분명 나보다 훨씬 더 춥고 고통스러울 것이다. 나는 아무 말도 못 하고 덜덜 떨고만 있었다. 호세는 돌에 매달린 채 움직이지 않았다. 나는 벌떡 일어나 소리쳤다.

"호세, 호세! 움직여, 몸을 돌려! 기운 내……."

내 외침을 듣고 호세가 몸을 조금 움직였다. 그러나 그런 상황에서 움직인다는 것은 너무나 힘겨운 일이었다.

하늘은 이미 잿빛으로 변해 있었다. 황혼 속에서 눈앞이 흐릿해져 갔다. 나는 미친 듯이 머리를 굴렸다. 돌아오지 못할 위험을 무릅쓰고 호세의 곁을 떠나 도움을 청하러 갈 것인가, 아니면 호세와 함께 이대로 얼어 죽을 것인가.

그 순간 지평선 위에 불빛이 비쳤다. 나는 어리둥절해서 벌떡 일어났다. 틀림없는 자동차 헤드라이트였다! 아주 멀리 있었지만 이쪽으로 달려오고 있었다.

나는 큰 소리로 외쳤다.

"호세, 호세, 차가 와!"

나는 우리 차로 달려가 미친 듯이 클랙슨을 울려대고 헤드라이트를 깜박였다. 그 다음 차 지붕에 올라가 두 손을 흔들면서 소리를 지르고 팔짝팔짝 뛰었다.

마침내 그 차가 나를 발견하고 다가오기 시작했다.

나는 차 지붕에서 뛰어내려 그리로 달려갔다. 이제 차의 모습도 분명하게 보였다. 사막에서 장거리를 달릴 수 있는 지프였다. 차 위에는 찻잎이 든 나무 상자가 잔뜩 실려 있고 안에는 사하라위 남자 세 명이 타고 있었다.

그들은 30미터쯤 떨어진 곳에 차를 세우고 멀찌감치 떨어져 나를 지켜보기만 할 뿐 더 이상 다가오려 하지 않았다. 그들로서는 황야에서 만난 낯선 사람을 경계할 수밖에 없었다. 내가 다급하게 그쪽으로 뛰어가자 그들도 차에서 내렸다. 이제 그들은 우리 사정을 확실하게 볼 수 있었다. 아직 칠흑같이 어두운 밤은 아니었다.

"도와주세요. 제 남편이 늪에 빠졌어요. 남편을 끌어낼 수 있게 도와주세요."

나는 희망을 가득 안고 숨을 헐떡이며 그들에게 도움을 청했다. 그런데 그들은 나를 내버려 둔 채 자기네 말로 쑥덕거렸다.

"여자야, 여자."

나는 이 말만을 알아들었다.

"빨리요. 제발 도와주세요. 남편이 얼어 죽겠어요."

나는 여전히 헐떡이며 말했다.

"우리는 밧줄이 없는데."

한 남자가 말했다. 단호한 거절의 말투에 나는 그대로 굳어 버렸다.

"터번이 있잖아요. 세 사람 것을 이으면 충분할 거예요."

나는 다시 슬쩍 떠보는 말을 던졌다. 그들의 차 위에서 나무 상자를 묶은 굵은 밧줄을 똑똑히 보았기에.

"어떻게 우리가 구해 줄 거라고 믿지? 참 이상하네."

"저는……."

나는 다시 한번 설득하려 했으나 그들의 눈빛이 심상치 않아 보였다. 그들은 음흉한 눈길로 나를 위아래로 훑어보았다. 나는 얼른 말을 바꾸었다.

"알았어요. 억지로 도와 달라고는 못 하죠. 됐습니다."

허허벌판에서 미친놈들과 마주친 것이다. 말을 마치고 돌아서는 순간, 한 놈이 턱짓을 하자 다른 놈이 내 등 뒤에서 덮치더니 한 손으로 허리를 감싸고 한 손으로 가슴을 더듬었다.

나는 너무 놀라 까무러칠 뻔했다. 그 미친놈의 무쇠 같은 팔뚝 안에서 야수처럼 울부짖으며 몸부림쳤지만 소용없는 일이었다. 그놈이 내 몸을 돌려세웠다. 무시무시한 낯짝이 점점 가까이 다가왔다.

호세는 늪 속에서 이 광경을 모두 보고 있었다. 호세가 울부짖었다.

"네놈들을 죽여 버리겠어!"

호세는 바위를 놓고 늪에서 빠져나오려고 발버둥 쳤다. 나는 그걸 보자 내 처지도 잊은 채 울면서 소리쳤다.

"호세, 안 돼, 안 돼! 돌을 잡아……."

그 바람에 그놈들은 호세에게 주의를 돌렸다. 그 순간 나는 나를 붙든 미친놈의 급소를 온 힘을 다해 걷어찼다. 놈은 뜻밖의 치명타를 맞고 비명을 지르며 주저앉았다. 놈의 손아귀에서 풀려난 나는 돌아서서 잽싸게 달아나기 시작했다. 다른 한 놈이 성큼성큼 나를 쫓아왔다. 나는 양손에 모래를 움켜쥐고 그놈 눈에 뿌렸다. 그놈은 두 손으로 얼굴을 감쌌다. 나는 그 몇 초의 틈을 타서 슬리퍼도 벗어던지고 맨발로 차를 향해 죽어라고 달려갔다.

그 세 놈은 다행히 쫓아오지 않고 지프에 올라탔다. 내가 운전할 줄 모를 거라 생각했는지 놈들은 지프를 몰고 천천히 나를 잡으러 왔다.

나는 차에 오르자마자 시동을 걸면서 바위에 매달려 있는 호세를 힐끗 보았다. 채찍으로 얻어맞은 듯 가슴이 아팠다.

"도망쳐, 싼마오! 빨리, 빨리!"

호세가 다급하게 소리쳤다.

나는 대답할 겨를이 없었다. 가속 페달을 있는 힘껏 밟았다. 차가 총알같이 튀어나가 비탈을 올라갔다. 지프가 나를 가로막으려 하자 나는 자살 특공대처럼 그대로 돌진했다. 놈들은 재빨리 옆으로 피했다.

기름이 떨어져 가고 있었지만 지프의 헤드라이트를 벗어날 수가 없었다. 놈들의 불빛은 나를 꽉 물고 놓아주지 않았다. 심장이 마구 뛰고 질식할 것처럼 숨이 막혀 왔다.

차를 몰면서 차 문을 모두 잠갔다. 왼손을 뻗어 뒷좌석을 더듬는데 호세가 감추어 둔 잭나이프가 손에 잡혔.

미궁산이 나타나자 나는 아무 생각도 못 하고 그대로 달려들었다. 모래 더미 하나가 나타났다. 모래 더미를 돌아가자 지프도 따라왔다. 나는 모래 더미 사이를 이리저리 돌았다. 지프는 조금 뒤처지는 듯싶다가도 어느새 정면으로 돌진해 왔다. 나는 죽을힘을 다해 달렸지만 도저히 놈들을 떨쳐낼 수가 없었다.

헤드라이트를 끄지 않으면 지프는 계속해서 나를 쫓아오리라는 생각이 머리를 스쳤다. 그러다가 기름이 다 떨어지면 꼼짝없이 잡히는 거다.

나는 온 힘을 다해 가속 페달을 밟았다. 미궁산을 반 바퀴 돌았다. 지프는 아직 따라오지 못했다. 나는 급히 헤드라이트를 끄고 있는 힘껏 내달리다가, 운전대를 꽉 잡고 왼쪽으로 급커브를 꺾어 나를 추격하는 지프의 뒤쪽에 있는 모래 더미 쪽으로 돌아갔다.

아치형 모래 더미는 한밤중에는 커다란 그림자를 드리웠다. 나는 차를 모래 더미에 최대한 바짝 붙여 두고 오른쪽 문을 열어 차에서 빠져나왔다. 손에는 잭나이프를 든 채 차와 조금 거리를 두고 숨어 있었다. 우리 차가 검은색이라면 얼마나 좋을까. 아니면 커피색이나 카키색이라도. 그러나 차는 흰색이었다.

지프는 내가 달아난 방향을 놓쳐 버렸다. 내 앞을 지나쳐 갔다가 다시 방향을 바꿔 돌아왔다. 놈들은 내가 숨어 있을 것이라고는 생각지 못한 채 모래 더미 사이를 이리저리 돌더니 속도를 내서 저만치 달려가 버렸다.

나는 모래 더미를 끼고 몇 발짝 뛰어나갔다. 놈들은 정말로 가버렸다. 혹시라도 다시 올까 봐 마음을 놓지 못하고 모래 더미 꼭대기로 올라가 사방을 둘러보았다. 지프의 불빛은 아득히 멀어지더니 마침내 완전히 사라졌다.

나는 비탈을 미끄러져 내려와 다시 차에 올랐다. 온몸에 식은땀이 줄줄 흐르고 눈앞에는 검은 그림자가 왔다 갔다 했다. 토할 것 같았다. 다시 밖으로 기어 나와 땅바닥에 누워 찬 기운으로 정신을 차려 보려 했다. 이대로 쓰러지면 안 돼, 호세가 아직 늪 속에 있어.

몇 분이 지나자 완전히 정신을 차렸다. 하늘을 바라보니 큰곰자리가 아주 밝게 빛나고 있었다. 국자 모양의 큰곰자리 아래서 작은곰자리 별들이 다이아몬드처럼 반짝이며 길을 안내했다. 낮과는 달리 밤의 미궁산에서는 방향을 쉽게 찾을 수 있었다.

서쪽으로 가면 미궁산을 빠져나가게 되고 그 다음 북쪽으로 120킬로미터쯤 가면 검문소가 나온다. 그곳에 가서 도움을 청하고 사람을 데리고 오는 것은…… 오늘 밤 안으로는 불가능하다. 그러면 호세는…… 호세는…… 나는 두 손으로 얼굴을 감쌌다. 더 이상은 생각할 수가 없었다.

일어서서 주위를 둘러보았다. 오직 모래만 있을 뿐, 길을 표시해 놓을 만한 것은 아무것도 없었다. 무언가로 표시해 둬야만 내일 아침에 찾아올 수 있을 텐데.

추위에 얼어붙어 온몸에 심한 통증이 느껴졌다. 차 안으로 다시 들어가는 수밖에 없었다. 무심코 뒷좌석을 보는데 시트를 떼어낼 수 있겠다는 생각이 퍼뜩 들었다. 즉시 공구 상자를 열고 드라이버로 나사못을 빼냈다. 그 다음 있는 힘을 다해 잡아당기니 시트가 우두둑 뜯어졌다.

뜯어낸 시트를 모래 위에 던졌다. 이렇게 하면 내일 이곳을 다시 찾을 수 있을 것이다. 나는 차에 올라 헤드라이트를 켜고 검문소로 갈 준비를 했다. 그러면서 끊임없이 스스로를 다독였다. 감정적으로 행동해선 안 돼. 호세에게 가는 것보다 도움을 청하러 가야 할 때야. 호세를 버리고 가는 게 아니야.

시동을 걸었다. 헤드라이트 불빛이 모래 위에 던져 놓은 검고 넙적한 시트를 비추었다.

갑자기 바늘에 찔린 듯 정신이 팍 들었다. 평평한 시트는 틀림없이 가라앉지 않을 것이다. 흥분으로 온몸이 부들부들 떨렸다. 서둘러 시트를 주워 뒷좌석에 던져 놓고 늪 쪽으로 방향을 바꿨다.

혹시라도 길을 잃을까 봐 우리 차의 바퀴자국을 천천히 따라갔다. 수없이 꺾어지고 빙글빙글 돌아야 했고 자국이 완전히 사라진 곳도 있었다. 마침내 늪 근처까지 왔을 때 나는 감히 늪 가까이 다가갈 엄두가 나지 않아 헤드라이트로 늪을 비춰 보았다.

늪은 아까와 똑같이 암흑 속에 조용히 누워 있었다. 이따금 거품이 이는 것 말고는 아무런 움직임도 없었다. 그런데 호세가 보이지 않았다. 호세가 매달려 있던 바위도 사라졌다.

"호세, 호세!"

차에서 뛰쳐나가 늪가를 따라 달리면서 소리 높여 호세를 불렀다. 그러나 호세는 정말로 보이지 않았다. 나는 부들부들 떨면서 미친 사람처럼 고함을 지르며 늪가를 따라 달렸다.

호세가 죽었어. 죽고 말았어. 공포의 메아리가 내 가슴을 때렸다. 나는 늪이 이미 호세를 삼켜 버렸다는 것을 거의 인정하려 하고 있었다. 두려움은 정말 사람을 미치게 했다. 나는 차 안으로 뛰어들어 운전대에 엎어져 폭풍 속의 낙엽처럼 오들오들 떨었다.

얼마나 시간이 흘렀을까. 어렴풋이 나를 부르는 소리가 들렸다.

"싼마오…… 싼마오……."

고개를 번쩍 들고 이리저리 둘러보았지만 암흑 속이라 아무것도 보이지 않았다. 헤드라이트를 켜고 조금씩 차를 움직였다. 또다시 가느다란 소리가 들렸다. 이번에는 분명히 알아들었다. 호세가 나를 부르는 소리였다. 1분도 안 되어 호세가 불빛에 잡혔다. 여전히 바위에 매달려 있었다. 내가 차를 딴 데다 잘못 세우는 바람에 한바탕 공포에 떨었던 것이다.

"호세, 조금만 버텨. 내가 금방 꺼내 줄게."

호세는 두 팔로 바위를 꽉 끌어안고 머리를 팔뚝에 묻은 채 꼼짝도 하지 않았다.

시트를 꺼내 반은 안고 반은 끌면서 늪가로 내려갔다. 축축한 진흙이 내 종아리를 휘감는 곳까지 가서 시트를 힘껏 던졌다. 시트는 가라앉지 않고 진흙 위에 떠 있었다.

"타이어!"

나는 차 지붕에서 예비 타이어를 끌어 내렸다. 늪으로 뛰어가 시트를 밟고 서서 다시 타이어를 늪으로 던졌다. 우리의 거리는 점점 가까워졌다.

추웠다. 작은 칼 수백 개가 온몸을 찌르는 것 같았다. 아직 영하로 내려가지는 않았을 텐데도 얼어붙어 쓰러질 것만 같았다. 그렇다고 멈출 수는 없다. 서둘러 해야 할 일이 많은데 차 안으로 물러갈 수는 없다.

잭으로 차 오른쪽을 들어 올리고 앞바퀴를 떼어 내기 시작했다. 빨리, 빨리. 스스로를 재촉했다. 내 팔다리가 움직일 수 있을 때 호세를 끌어내야 했다.

앞바퀴를 떼어내고 다시 뒷바퀴에 달라붙었다. 나는 단 몇 분 만에 타이어 두 개를 떼어냈다. 평소라면 도저히 해낼 수 없는 속도였다.

호세를 돌아보니 이미 굳어 버린 듯 미동도 없었다.

"호세, 호세!"

나는 호세를 깨우려고 주먹만 한 돌멩이를 던졌지만 아무 반응도 없었다.

떼어낸 타이어를 들고 늪에 떠 있는 시트와 예비 타이어 위를 펄쩍펄쩍 뛰어갔다. 들고 있던 타이어를 늪으로 던지고 돌아와 다른 타이어를 들고 가서 또 던졌다. 타이어 세 개와 시트가 진흙 위에 떠 있었다.

마지막 타이어를 밟고 섰다. 호세와 나 사이에는 아직도 거리가 있었다. 호세는 한없이 슬픈 눈으로 나를 바라보았다.

"내 옷!"

내가 입은 원피스는 발등을 덮는 길이에 치마폭도 넓었다. 나는 다시 차 안으로 뛰어들어 서둘러 옷을 벗고는 칼로 찢어 네 가닥의 줄을 만들었다. 줄끼리 잘 묶은 다음 끄트머리에 펜치를 묶고, 나는 듯이 달려가 늪에 던져 놓은 타이어 위에 올라섰다.

"호세, 어이, 내가 던지는 걸 꽉 붙잡아!"

천천히, 빙빙 줄을 돌렸다. 조금씩 조금씩 원이 커졌다. 진흙 속에 떨어지기 직전에 호세가 줄 끝을 붙잡았다.

　호세의 손이 내가 잡은 줄 끝에 닿는 순간, 나는 안도의 숨을 내쉬고는 타이어 위에 쪼그려 앉아 울기 시작했다. 두려움은 사라지고 추위와 배고픔이 밀려왔다.

　잠깐 울고 나서 얼른 호세가 잡은 줄을 당기기 시작했다. 그런데 긴장이 풀리고 나니까 힘이 하나도 없었다. 아무리 당겨도 호세는 움직이지 않았다.

　"싼마오, 줄을 타이어에 묶어. 내가 당겨 갈게."

　호세가 갈라지는 목소리로 말했다.

　나는 타이어에 앉아 있고 호세는 줄을 당기며 조금씩 조금씩 다가왔다. 호세가 가까워지자 나는 줄을 풀어 뒤에 있는 다른 타이어에 묶었다. 호세는 너무 오래 얼어 있어 타이어를 건너뛸 힘이 없었다.

　호세는 늪가로 올라오자마자 철퍼덕 쓰러졌다. 나는 아직 뛸 기운이 남아 있었다. 재빨리 차로 달려가 술병을 가져왔다. 그리고 이 생명수를 호세에게 몇 모금 먹였다. 나는 호세를 차 안으로 밀어 넣으려 안간힘을 썼지만 호세는 꼼짝도 하지 않았다. 할 수 없이 그냥 내버려 둔 채 다시 늪가로 가서 타이어와 시트를 가지고 돌아왔다.

　"호세, 손발을 움직여. 호세, 움직여, 움직여야 돼!"

황야의 밤

타이어를 다시 끼우면서 호세에게 소리쳤다. 호세는 바닥에서 꿈틀거리기 시작했다. 얼굴은 석고상처럼 새하얘져 있었다.

"내가 할게."

호세가 차 옆으로 기어 오면서 말했다. 나는 뒷바퀴의 마지막 나사를 조이고 있었다.

"차 안으로 들어가. 빨리!"

이 말과 동시에 드라이버를 내던지고 나도 차 안으로 기어 들어갔다.

호세에게 다시 포도주를 먹이고, 히터를 가장 세게 틀어 놓고 칼로 호세의 젖은 바지를 찢어서 벗겨냈다. 호세의 발을 찢어진 내 옷으로 힘껏 문질러 준 다음 포도주를 가슴에 붓고 열심히 문질렀다.

한 세기가 지난 듯했다. 호세 얼굴에 희미한 혈색이 돌기 시작했다. 호세는 눈을 떴다가 이내 다시 감았다.

"호세! 호세!"

나는 호세 얼굴을 찰싹찰싹 때리며 연거푸 소리쳤다.

30분이 지나자 호세가 완전히 깨어났다. 호세는 눈을 휘둥그레 뜨고 귀신을 보듯 나를 보며 더듬거렸다.

"당신, 당신……."

"나? 나 뭐?"

나는 호세의 표정에 기겁을 했다.

"당신…… 고생했어."

호세는 나를 꼭 끌어안고 눈물을 흘렸다.

"무슨 소리야. 고생은 당신이 했지!"

나는 영문을 모른 채 호세의 팔에서 빠져나왔다.

"당신, 그놈들한테 붙잡혔잖아?"

"아니야, 도망쳤어. 일찌감치 도망쳤어!"

내가 소리쳤다.

"그런데 왜 그런 몰골이야, 당신 옷은?"

그제야 나는 내가 속옷만 입고 있다는 사실을 깨달았다. 게다가 온몸이 진흙 범벅이었다. 이렇게 한참이 지나서야 내가 이런 상태인 걸 알아차리다니. 호세도 얼어 있느라 정신이 없었던 모양이다.

호세를 눕힌 채 집으로 차를 몰았다. 날이 밝으면 곧바로 의사를 찾아가야 했다. 다리에 동상을 입은 듯했다.

밤은 깊을 대로 깊었다. 도깨비 같은 미궁산을 뒤로하고 나는 작은곰자리가 인도하는 대로 북쪽으로 향했다.

"싼마오, 아직도 화석을 갖고 싶어?"

호세가 신음하듯 물었다.

"그럼."

나는 짧게 대답하고 되물었다.

"당신은?"

"나는 더더욱."

"언제 다시 갈까?"

"내일 오후."

사막 목욕 관찰기

저녁노을이 질 무렵, 호세가 불현듯 지저분한 머리를 스포츠형으로 바싹 자르겠다고 했다. 그 말을 듣자마자 나는 부엌으로 달려가 생선 다듬는 커다란 가위를 가져왔다. 그러고는 호세의 목에 보자기를 두르며 말했다.

"가만히 앉아 있어."

"뭐 하려고?"

호세는 소스라치게 놀랐다.

"머리 깎아 주게."

나는 호세의 머리카락 한 움큼을 잡아당겼다.

"아니, 자기 머리를 자른 걸로는 모자라다는 거야?"

호세는 펄쩍 뛰며 뒤로 물러났다.

"시내에 있는 그 이발사보다 내가 훨씬 낫다고. 그리고 당신 절약한다며. 이리 와, 빨리!"

내가 재촉하자 호세는 열쇠를 들고 밖으로 달아났다. 나는 가위를 내려놓고 뒤를 쫓았다.

5분 뒤, 우리는 지저분하고 무더운 이발소 안에 앉아 있었다. 호세의 머리를 어떻게 깎을 것인가를 놓고 이발사와 호세와 나 세 사람이 격렬한 논쟁을 벌였다. 아무도 양보하려 하지 않자 이발사는 아주 불쾌한 듯이 험악한 눈초리로 나를 노려보았다.

"싼마오, 당신 좀 나가 있는 게 어때?"

호세가 못 참겠다는 듯이 말했다.

"돈 줘, 그럼 갈게."

나는 호세의 주머니를 뒤져 파란 지폐 한 장을 꺼내 들고 성큼성큼 이발소를 나왔다.

이발소 뒤의 작은 길을 따라 변두리 쪽으로 걸어갔다. 거리에 널려 있는 쓰레기 위로 파리 떼가 윙윙거리며 날아다니고 비쩍 마른 커다란 염소 한 마리가 먹을 것을 찾아 이리저리 헤매고 있었다. 이 일대는 처음 와보는 곳이었다.

걷다 보니 창문이 없는 허름한 집을 지나게 되었다. 대문 앞에는 시들시들한 선인장이 한 무더기 쌓여 있었다. 호기심이 생긴 나는 집 앞에 멈춰 서서 자세히 살펴보았다. 문간에 간판이 하나 걸려 있는데 '샘'이라고 씌어 있었다.

쓰레기가 잔뜩 쌓인 집에 샘이 웬 말인가? 도대체 무슨 영문인지 몰라 몹시 갑갑해 미칠 지경이었다. 나무 문짝은 잠겨 있지 않았다. 나는 문을 살짝 열고 머리를 디밀고 안을 들여다보았다.

환한 햇빛 아래 있다가 어두운 집 안을 들여다보니 당최 아무것도 보이지 않았다. 이내 "으…… 으악!" 하고 누군가 괴성을 질렀고 동시에 아랍어로 웅성대는 소리가 들려왔다.

나는 몇 발짝 물러났다. 수증기로 가득 찬 저 안에서 도대체 뭘 하고 있는 걸까? 왜 나를 그렇게 무서워하지?

그때 안에 있던 한 중년 남자가 사하라식 긴 천을 두르고 쫓아 나왔다. 그는 내가 그대로 서 있는 모습을 보자 체포라도 할 것처럼 다가왔다.

"당신 뭐요? 왜 남이 목욕하는 걸 훔쳐봐요?"

그는 씩씩거리면서 스페인어로 따졌다.

"목욕이요?"

나는 어안이 벙벙했다.

"뻔뻔스러운 여편네 같으니라고. 썩 물러가요. 휘이, 휘이!"

그는 닭을 쫓듯 손짓하며 나를 몰아내려 했다.

사막 목욕 관찰기

"휘이라니? 이 사람이!"

나도 큰 소리로 되받아쳤다.

"이봐요, 저 안에서 사람들이 도대체 뭐 하고 있는 거예요?"

나는 이렇게 물으면서 또다시 안으로 들어가려 했다.

"목욕이요, 목―욕! 들어가면 안 돼요!"

그 남자는 또 "휘이, 휘이" 하며 손짓했다.

"여기서 목욕을 한다고요?"

나의 호기심은 자꾸자꾸 커졌다.

"그렇다니까!"

그는 짜증을 내기 시작했다.

"어떻게요? 당신들은 어떻게 목욕을 해요?"

나는 몹시 흥분했다. 사하라위 사람이 목욕을 한다니, 금시초문이었다. 끝까지 진상을 캐지 않을 수가 없었다.

"직접 해보면 알겠죠."

"나도 목욕할 수 있어요?"

생각지도 못한 과분한 호의에 적이 놀랐다.

"여자는 아침 여덟 시부터 정오까지예요. 요금은 40페세타."

"정말 감사합니다. 내일 올게요."

나는 얼른 이발소로 달려가 호세에게 이 새로운 장소의 말

견을 알렸다.

다음 날 아침, 나는 큰 수건을 안고 겹겹이 쌓인 염소 똥을 밟으며 '샘'을 향해 걸어갔다. 거리에서 풍기는 냄새가 어찌나 지독한지 속이 뒤집힐 것 같았다.

문을 밀고 들어서니 교활하고 사납게 생긴 중년 여인이 앉아 있었다. 주인인 모양이었다.

"목욕하게요? 돈부터 내요."

나는 40페세타를 건네주고는 사방을 둘러보았다. 어두침침한 실내에 양동이 몇 개가 어지럽게 놓여 있을 뿐이었다. 알몸의 여자가 저쪽에서 나오더니 양동이를 들고 다시 들어갔다.

"어떻게 하는 거예요?"

나는 시골뜨기처럼 이리저리 두리번거렸다.

"따라와요."

주인은 내 손을 끌고 안에 있는 방으로 갔다. 다다미 서너 장 넓이쯤 됨직한 방에 철사줄이 몇 줄 걸려 있고 그 위에 사하라위 여인들의 속옷, 치마, 몸을 감싸는 긴 천 등이 가득 널려 있었다. 순간 아주 짙은, 고약하기 짝이 없는 냄새가 내 콧속으로 흘러들었다. 나는 잠시 숨을 멈추었다.

"여기서 옷을 벗어요."

사막 목욕 관찰기

주인이 명령하듯 말했다.

나는 한마디 대꾸도 못 하고 옷을 벗어 철사줄에 걸었다. 집에서 미리 입고 온 비키니 수영복 차림이 되었다.

"빨리 벗어요!"

주인이 재촉했다.

"다 벗었어요."

나는 주인을 흘겨보았다.

"그렇게 이상한 걸 입고 어떻게 씻어요?"

주인은 거친 손길로 작은 꽃무늬가 있는 내 비키니 위아래를 차례로 잡아당겼다.

"어떻게 씻든 그건 내 맘이죠."

나는 손을 뿌리치고 또다시 눈을 흘겼다.

"맘대로 해요. 그럼 밖에 가서 물통을 들고 와요."

나는 얌전히 빈 양동이 두 개를 들고 왔다.

"여기서부터 씻으면 돼요."

주인은 또다시 문 하나를 열어 주었다. 내부는 마치 식빵처럼 차례대로 조각조각 나뉘어 있었다.

마침내 샘이 나타났다. 사막에서 물이 솟아오르는 광경을 처음으로 본 것이다. 비록 방 안에서 솟아나는 물이었지만 더없이 감동적이었다.

그것은 깊은 우물이었다. 많은 여인이 우물 옆에서 하하호호 웃으며 물을 긷고 있었다. 무척이나 즐겁고 정겨워 보였다. 나는 빈 물통 두 개를 들고 얼빠진 얼굴로 그들을 바라보며 서 있었다.

여자들은 비키니를 입은 채 들어온 나를 보더니 움직임을 멈추었다. 우리는 서로 빤히 보고 있다가 미소를 지었다. 그들은 스페인 말에 서툴었다.

한 여자가 다가와서 내 물통에 물을 길어 주더니 매우 친절하게 말했다.

"이렇게, 이렇게 해요."

그러고는 물통의 물을 내 머리에 뒤집어씌웠다. 놀라서 손으로 얼굴을 훔치는데 물 한 통이 또 끼얹어졌다. 나는 서둘러 모서리 쪽으로 도망치며 말했다.

"고마워요, 고마워요!"

이제 감히 목욕하는 방법을 배우고 싶지 않았다.

"추워요?"

한 여자가 물었다. 나는 고개를 끄덕였다. 목욕이 이런 것일 줄이야. 완전 낭패였다.

"추우면 안으로 들어가요."

그녀는 또 다른 문을 열었다. 그 식빵 같은 방이 몇 칸이나

사막 목욕 관찰기

더 있는지 도무지 알 수가 없었다.

나는 또다시 안으로 들어갔다. 들어서자마자 뜨겁고 습한 기운이 얼굴에 훅 끼쳐 왔다. 사방에 수증기가 자욱해 아무것도 보이지 않았다. 몇 초가 지나자 간신히 주위를 분간할 수 있었다. 나는 팔을 뻗어 벽을 더듬으며 두 발짝을 뗐다. 누군가의 다리를 밟은 것 같았다. 몸을 숙여 들여다보고 나서야 비로소 이 작은 방의 바닥에 여자들이 나란히 앉아 있다는 사실을 알아차렸다. 맞은편 벽 쪽에는 커다란 물통이 하나 있고 그 안에서 뜨거운 물이 부글부글 끓고 있었다. 방 안에 가득한 수증기는 거기서 뿜어져 나오고 있었다. 마치 터키탕 같은 광경이었다.

그때 누군가가 잠깐 문을 열어 놓았다. 그 바람에 공기가 차가워지며 수증기가 좀 걷혀 안을 잘 볼 수 있었다.

여자들은 찬물이 담긴 물통 한두 개를 옆에 놔두고 있었다. 방 안의 온도는 매우 높고 바닥도 몹시 뜨거웠다. 나는 발바닥을 델 것만 같아 가만히 있지 못하고 계속 종종걸음 쳤다. 이들은 어떻게 바닥에 앉아 견디는지 신기하기만 했다.

"이리 와 앉아요."

구석자리에 앉아 있던 여자가 내게 자리를 내주었다.

"고마워요, 저는 서 있을게요."

나는 축축하고 더러운 바닥을 보면서 대답했다. 사실 데는 것보다 이런 바닥에 앉는 것이 더 겁이 났다.

여자들은 모두 작은 돌멩이를 물에 적셔 몸을 문질렀다. 한 번 문지를 때마다 시커먼 때가 주룩주룩 밀렸다. 그들은 비누를 사용하지 않았고 물도 많이 쓰지 않았다. 온몸에 있던 때를 모조리 벗겨내면 비로소 물을 끼얹었다.

"4년 됐어요, 4년 동안 목욕을 못 했어요. 난 하이마에 살아요. 아주아주 먼 사막에 있는……."

한 여자가 배시시 웃으며 말했다. 하이마는 천막이라는 뜻이었다.

그녀가 나를 보며 얘기할 때 나는 숨을 쉴 수가 없었다.

그녀는 물통을 들고 머리 위에 물을 끼얹었다. 자욱한 수증기 속에서 그녀의 몸을 씻으며 내려온 시커먼 땟국이 나의 깨끗한 발을 천천히 적셨다. 순간 나는 또다시 속이 뒤집어졌으나 아랫입술을 꽉 깨물고 참았다.

"당신은 왜 안 씻어요? 돌을 빌려줄까요?"

그녀는 상냥한 표정으로 내게 돌을 건네주었다.

"전 때가 없어요. 집에서 씻었거든요."

"때도 없는데 뭐 하러 왔어요! 목욕은 나처럼 3~4년에 한 번씩 하는 거예요."

사막 목욕 관찰기

몸을 씻고 나서도 그녀는 여전히 더러워 보였다.

이 방은 몹시 좁고 창문도 없었다. 게다가 커다란 물통에서 끓고 있는 물이 쉬지 않고 열기를 뿜어내고 있었다. 심장 박동이 점점 빨라지고 땀이 비 오듯 흘러내렸다. 게다가 수많은 체취가 뒤섞여 콧속으로 흘러들어 구역질이 치밀었다. 나는 축축한 벽에 몸을 기댔다. 벽에 겹겹이 껴 있는 콧물처럼 미끌미끌한 것이 내 등에 잔뜩 묻었다. 나는 이를 악물고 수건으로 필사적으로 등을 닦아냈다.

사막에서는 뚱뚱한 여자가 미인이었다. 그래서 여자들은 있는 힘껏 살을 찌웠다. 평소에 외출할 때는 긴 치마를 입고 커다란 천으로 머리부터 발끝까지 바람 한 점 들어오지 못하게 꽁꽁 싸맸다. 멋 부리는 여자들은 선글라스까지 끼고 자신의 진면목을 완전히 가리고 다녔다.

그동안 미라처럼 몸을 칭칭 감고 다니는 여자들만 보다가 갑자기 벌거벗은 모습을 보자 나는 정말 놀랐다. 이렇게 뚱뚱할 줄이야! 목욕탕에서 본모습을 드러낸 그들 옆에서 나는 투실투실 살찐 젖소 발밑에 난 비실비실한 강아지풀처럼 초라해 보였다.

한 여자가 온몸의 시커먼 때를 밀고 물을 끼얹으려 하는데 바깥에서 아기가 울기 시작했다. 그녀는 그대로 뛰쳐나가 몇 개월밖에 안 되어 보이는 아기를 안고 들어오더니 바닥에 털썩 주저앉아 젖을 먹이기 시작했다. 그녀의 턱과 목, 얼굴, 머리에서 더러운 땟국이 가슴으로 흘러내렸고 아이는 땟국이 섞인 젖을 힘차게 빨았다.

  나는 더러움이 극치에 달한 그 광경을 멍하니 바라보았다. 또 한 번 속이 뒤집혔다. 이번에는 도저히 참을 수가 없어 밖으로 뛰쳐나갔다.

  가장 바깥쪽 방까지 달려 나가 신선한 공기를 힘껏 몇 모금 들이마셨다. 그리고 철사줄에서 옷을 내려 입기 시작했다.

  "당신은 목욕도 안 하고 그냥 서 있기만 했다면서요. 뭐 볼만한 게 있었수?"

  주인이 흥미롭다는 듯 물었다.

  "당신들이 어떻게 목욕을 하는지 봤어요."

  나는 웃으며 대답했다.

  "40페세타나 들여 겨우 구경만 했다고?"

  주인의 눈이 휘둥그레졌다.

  "비싼 게 아니네요. 그만한 값어치가 있었어요."

  "여기는 몸 바깥을 씻는 곳이에요. 몸속도 씻어야 해요."

  "몸속이요?"

  이건 또 무슨 소리람?

사막 목욕 관찰기

주인이 창자를 끄집어내는 시늉을 하자 나는 기겁했다.

"어디서 몸속을 씻는데요? 가르쳐 주세요."

나는 흥분한 나머지 단추를 잘못 채웠다.

"해변에서. 한번 가봐요, 보하다 해변에 하이마가 잔뜩 늘어서 있을 테니. 봄에는 다들 거기 가서 일주일 동안 씻어요."

그날 저녁에 밥을 하면서 호세에게 말했다.

"목욕탕 주인이 그러는데 몸속도 씻는대. 보하다 해변에서."

"잘못 들은 거 아냐?"

호세 역시 깜짝 놀랐다.

"똑바로 들었어. 목욕탕 주인이 손짓까지 해가며 알려 줬는데. 우리 구경 가자."

나는 호세에게 졸라댔다.

라윤에서 대서양 해안까지는 왕복 400킬로미터가 못 되었다. 하루 안에 다녀올 수 있는 거리였다. 1천여 킬로미터에 걸친 서사하라의 해안은 대부분 모래사장이 없는 암벽 해안이지만 보하다 해변에만은 모래밭이 있다고 들었다.

우리는 사막 위에 남겨진 자동차 바큇자국을 따라 차를 놀았다. 해안까지는 길을 잃지 않고 잘 찾아왔지만 보하다 해변을 찾느라 암벽 위에서 한 시간쯤 헤맸다.

"저기 아래쪽 좀 봐."

호세가 말했다.

우리는 자동차를 절벽가에 세웠다. 수십 미터 아래에 쪽빛 바닷물이 반원형 해안으로 조용히 밀려들고 있었다. 모래사장 위에 하얀 천막이 가득했다. 남녀노소가 뒤섞여 한가롭게 거니는 모습이 너무나도 자유롭고 평화로워 보였다.

"이런 난세에도 저런 생활을 하는 사람들이 있구나."

부러운 나머지 긴 탄식이 나왔다. 여기가 바로 무릉도원의 경계로구나.

"도저히 못 내려가겠는데. 미끄러지지 않을 만한 길이 없어. 저 아래 있는 사람들은 분명 자기네만 다니는 비밀 통로가 있을 거야."

호세가 벼랑 끝을 보고 와서 말했다.

호세는 차에서 굵은 밧줄을 꺼내 범퍼에 묶고 큰 돌을 바퀴 밑에 밀어 넣었다. 그러고는 밧줄을 절벽 아래로 늘어뜨렸다.

"내가 하라는 대로 해. 몸을 이 줄에만 의지하면 안 돼. 발밑의 돌을 디뎌야 돼. 줄은 그냥 몸을 잡아 주는 거야. 겁나?"

벼랑 끝에 서보니 아찔했다. 세찬 바람에 몸이 덜덜 떨렸다.

"겁나?"

사막 목욕 관찰기

호세가 다시 한번 물었다.

"엄청."

나는 솔직히 대답했다.

"그럼 내가 먼저 내려갈게. 당신은 내 뒤를 따라와."

호세는 사진기를 등에 메고 내려가기 시작했다. 나는 신발을 벗고 맨발로 절벽을 내려갔다. 절반쯤 내려갔을 때 이상한 새 한 마리가 나타나 내 주위를 맴돌았다. 나는 그 새에게 눈을 쪼일까 겁나 서둘러 아래로 내려갔다. 그 바람에 절벽을 타는 두려움이 싹 사라졌다.

"쉿, 이리 와."

호세는 커다란 바위 뒤에 숨어 있었다.

해안에서 사하라위 여인 서너 명이 벌거벗은 채 바닷물을 긷고 있었다.

그들은 바닷물을 길어다가 모래밭에 있는 커다란 항아리에 부었다. 항아리 밑에는 가죽 호스 같은 기다란 것이 달려 있었다.

한 여자가 모래밭에 비스듬히 눕자 다른 여자가 마치 관장하는 것처럼 호스를 그녀의 몸 안으로 집어넣었다. 그러고 나서 그 큰 물통을 들어 올리자 물이 호스를 통해 그녀의 창자 속으로 들어갔다.

호세는 사진 찍는 것도 잊은 채 그 광경을 멍하니 지켜보고 있었다. 나는 호세를 툭툭 치면서 망원 렌즈를 끼우라고 손짓했다.

항아리 물이 다 없어지자 옆에 서 있던 여자가 다시 바닷물을 길어 와서 부었다. 누워 있는 여자의 창자 속으로 계속해서 바닷물이 들어갔다. 이런 식으로 세 번을 더 하자 여자는 참을 수 없는지 신음하기 시작했고, 한 항아리가 더 들어가자 마침내 날카로운 비명을 질렀다. 정말 참을 수 없이 고통스러워 보였다.

우리는 바위 뒤에서 이 광경을 지켜보고 있었다. 가슴이 쿵쿵 뛰고 간담이 서늘해졌다.

마침내 호스가 여자의 몸에서 빠져나왔다. 그리고 또 다른 여자의 뱃속을 청소하러 들어갔다. 항문으로 몇 항아리의 물을 집어넣은 여자는 이번에는 입에다 바닷물을 들이붓기 시작했다.

'샘' 주인의 말에 따르면 하루에 세 번씩 이레 동안 뱃속을 청소해야 모두 끝난다고 했다. 이것이야말로 명실상부한 봄맞이 대청소였다. 사람 몸속으로 저렇게 많은 물이 들어갈 줄은 상상도 못 했다. 참으로 불가사의한 광경이었다.

얼마 뒤 몸속에 바닷물을 가득 채운 여자가 엉금엉금 기어 우리 쪽으로 다가왔다.

그녀는 모래 위에 쪼그리고 앉더니 배설을 하기 시작했다. 뱃속에 있는 것들이 엄청나게 쏟아져 나왔다. 한바탕 설사를 하고 난 여자는 몇 발짝 뒤로 물러나더니 또다시 설사를 했다. 그러면서 눈앞에 쌓인 배설물을 모래로 덮었다. 이렇게 설사를 하고 덮는 일을 열 번 이상 반복하고도 멈추지 않았다.

쪼그려 앉은 그녀가 갑자기 노래를 부르기 시작했다.

그 기막힌 광경에 나는 도저히 참지 못하고 웃음을 터뜨렸다. 호세가 얼른 내 입을 막았지만 이미 늦었다.

그 벌거벗은 여인은 고개를 돌려 바위 뒤에 숨어 있는 우리를 발견하고 놀라움에 얼굴을 일그러뜨렸다. 그녀는 입을 쩍 벌리고 수십 발짝을 달아나더니 미친 듯이 소리를 지르기 시작했다.

우리는 어찌할 바를 몰라 우두커니 서 있었다. 곧이어 천막 속에서 남자들이 우르르 몰려나왔다. 그 여자가 우리를 가리키자 남자들은 씩씩거리며 죽일 듯이 우리에게 달려왔다.

"호세, 빨리 도망쳐!"

나는 재빨리 뛰기 시작했다. 긴박한 상황이었지만 웃음을 멈출 수가 없었다. 도망치면서 호세를 돌아보며 소리쳤다.

"사진기 잘 챙겨!"

늘어뜨린 밧줄 아래 다다르자 호세가 나를 힘껏 밀어 올렸다. 어떻게 올라왔는지 기억도 나지 않지만 나는 순식간에 벼랑 위로 올라왔고 호세가 곧바로 뒤따라왔다.

뒤를 돌아보고 나는 오싹했다. 분명 절벽 위로 난 길이 없는데 추격자들이 밧줄도 없이 어느새 우리를 쫓아 올라온 것이었다.

우리는 바퀴 밑의 돌을 치우고 밧줄은 풀지도 못한 채 차 안으로 몸을 던져 넣고, 포탄이 발사되듯 피융 달아났다.

일주일이 지났다. 절벽 위에 두고 온 예쁜 샌들 때문에 여태 속이 쓰렸지만 감히 다시 찾으러 갈 엄두는 나지 않았다. 그때 호세가 돌아왔는지 창밖에서 사하라위 친구와 이야기하는 소리가 들려왔다.

"요즘 어떤 동양 여자가 도처에서 사람들이 목욕하는 모습을 훔쳐보고 다닌다며. 사람들이 그러는데, 자네……."

그는 호세를 떠보는 듯했다.

"난 그런 소리 처음 듣는데? 내 아내도 보하다 해변에는 절대 간 적이 없어!"

호세가 대답했다.

맙소사, 웬 눈 가리고 아웅인가! 이 밥통이 또 바보짓을 하고 있네! 나는 황급히 뛰쳐나갔다.

"그런 여자 있어요! 동양 여자 하나가 사람들이 목욕하는

사막 목욕 관찰기

걸 엿보고 다닌다는 말을 들었어요."

나는 만면에 웃음을 띠고 말했다.

호세는 경악한 얼굴로 나를 돌아보았다.

"지난주에 일본 관광객들이 비행기를 타고 왔잖아요? 일본 사람들은 원래 남들이 어떻게 목욕하나 연구하길 좋아한대요. 특히 일본 여자들은 목욕하는 데가 어디냐고 사방팔방 묻고 다닌다던데요."

호세는 나를 손가락질하며 입을 쩍 벌렸다. 나는 호세의 손을 붙잡아 내렸다.

내 말에 사하라위 친구는 이제야 영문을 알겠다는 듯이 말했다.

"일본 여자였군요. 나는……."

그는 나를 보며 얼굴을 붉혔다.

"난 줄 알았죠? 사실 난 밥하고 빨래하는 일 말고는 도통 흥미가 없어요. 잘못 생각했어요."

"미안해요. 내가 오해했어요. 정말 미안해요."

그는 또다시 얼굴을 붉혔다.

사하라위 친구가 멀어져 갔다. 나는 문에 기댄 채 눈을 감고 안도의 미소를 짓다가 불시에 꿀밤 한 대를 맞았다.

"멍청히 서 있지 말고, 나비 부인. 들어가 밥이나 하시지!"

불나비사랑

 7~8개월 전에 우리 오막살이 근처에 작은 잡화점 하나가 문을 열었다. 작지만 있어야 할 건 다 있어서 우리처럼 시내에서 멀리 사는 사람들에게는 퍽이나 쓸모가 있었다. 나는 이제 크고 작은 보따리를 들고 뜨거운 태양 아래 먼 길을 걸어 다닐 필요가 없었다.

 나는 하루에도 네댓 번씩 그 가게를 이용했다. 요리를 하다 뛰어가 설탕이나 밀가루를 사 오기도 했다. 이렇듯 한시가 급한데 공교롭게도 가게에 손님이 많거나 돈을 찾지 못했을 때는 내 뜻대로 10초 만에 물건을 사 올 수가 없었다. 나처럼 성질 급한 사람에게는 맞지 않는 일이었다.

 일주일이 지나자, 나는 가게를 관리하는 사하라위 청년에게 외상 거래를 하자고 제안했다. 내가 낮에 산 물건들을 매일매일 적어 놓고 1천 페세타쯤 차면 한꺼번에 지불하는 것이 어떠냐고 묻자, 청년은 형에게 물어보고 대답해 준다고 했다.

다음 날 청년은 나에게 외상 거래를 환영한다고 말했다. 그들 형제는 글을 몰랐으므로 나에게 큰 공책을 한 권 주면서 내가 알아서 장부를 정리하라고 했다. 이때부터 나는 샤론과 친해졌다.

샤론은 평소에는 하루 종일 혼자 가게를 보았다. 그의 형은 다른 사업을 하고 있어서 아침저녁으로만 와서 둘러보고 갔다. 내가 외상값을 갚으러 가면 샤론은 늘 장부를 확인할 필요가 없다고 우겼다. 내가 안 된다고 하면 샤론은 귀까지 빨개진 채 알아들을 수 없는 말을 혼자 중얼거렸다. 그래서 나는 샤론에게 장부를 확인하라고 강요하지 않기로 했다.

샤론의 조건 없는 신뢰 때문에 나는 장부 관리에 각별히 주의를 기울였다. 계산이 틀려서 샤론이 책망받는 일이 생기면 큰일이기 때문이다. 가게는 자기 것이 아니었지만 샤론은 책임감이 무척 강했다. 밤에 가게 문을 닫고 나서도 시내로 놀러 가지 않고 혼자 조용히 땅바닥에 앉아 캄캄한 하늘을 쳐다보곤 했다. 샤론은 말주변이 없고 성실한 사람이었다. 가게를 연지 한 날이 지나도록 친구라고는 단 한 명도 사귀지 않은 것 같았다.

어느 날 오후에 외상값을 갚고 가게를 나서려는데 샤론이 고개를 푹 숙인 채 손에 든 장부를 멍하니 보고 있었다. 내게 장부를 돌려주는 걸 잊었다기보다는 무슨 말인가 하고 싶은 눈치였다.

2초쯤 기다렸지만 샤론은 여전히 아무 말도 꺼내지 않았다. 나는 샤론의 손에서 장부를 빼내며 말했다.

"고마워요. 내일 봐요!"

그러고는 돌아서서 걸음을 떼는데 샤론이 갑자기 고개를 들고 큰 소리로 나를 불렀다.

"싼마오!"

나는 멈춰 서서 다음 말을 기다렸다. 그러나 샤론은 또 아무 말 못 한 채 얼굴만 새빨개졌다.

"무슨 일인데요?"

나는 샤론이 더 긴장하지 않도록 다정하게 물었다.

"저, 저…… 편지 한 통만 써주실래요…… 중요한 건데요."

샤론은 말을 하면서도 고개를 들지 못했다. 이런 부끄럼쟁이.

"그럼요! 누구한테 쓰는 건데요?"

"내 아내한테요."

샤론은 간신히 들리는 낮은 목소리로 잽싸게 말했다.

"결혼하셨어요?"

너무나 뜻밖의 얘기였다. 샤론의 부모님은 돌아가셨고 형의 가족은 그에게 매우 쌀쌀맞게 대했다. 샤론은 숙식을 모두 이 작은 가게에서 해결하고 있었기 때문에 그가 결혼했을 줄은 상상도 못 했다.

샤론은 고개를 끄덕였다. 엄청난 기밀을 누설한 것처럼 잔뜩 긴장한 모습이었다.

"부인은요? 어디 있는데요? 왜 데려오지 않아요?"

나는 샤론의 마음을 알아차렸다. 스스로는 말을 못 하겠고, 내가 물어봐 주기를 바라고 있었다.

샤론은 여전히 입을 떼지 않은 채 고개를 들어 주위를 살폈다. 가게에 들어오는 사람이 없다는 걸 확인하자 갑자기 계산대 밑에서 사진 한 장을 꺼내 내 손 안에 밀어 넣었다. 그러고는 또 고개를 푹 숙였다.

그 사진은 벌써 네 귀퉁이가 다 닳아 있었다. 사진 속에는 서양 옷을 입은 아랍 여인이 서 있었다. 예쁘장한 얼굴에 특히 눈이 매우 컸다. 하지만 결코 젊어 보이지는 않는 얼굴에 화장을 떡칠해서 울긋불긋 요란한 모습이었다. 가슴이 깊이 파인 민소매 꽃무늬 블라우스에 다시는 유행할 것 같지 않은 풋사

과색 초미니스커트를 입고 쇠사슬 허리띠를 매고 있었다. 통통한 다리 아래는 아찔하게 높은 노란 하이힐을 신고 구두끈을 X자로 무릎까지 감아올렸다. 까만 머리의 한쪽은 새집처럼 빗어 올리고 한쪽은 어깨 위로 늘어뜨렸다. 온몸에 싸구려 보석을 주렁주렁 달고 반짝이는 검은 인조가죽 핸드백을 들고 있었다.

사진만 보아도 눈이 어질어질한 게 감당이 안 되는 아가씨였다. 직접 보면 향수에 화장품 냄새까지 더해져 도저히 정신을 차릴 수 없을 것만 같았다.

샤론은 사진을 본 내 반응을 간절히 기다리고 있었다. 나는 그의 흥을 깨고 싶지 않았지만 그 '조화造花 같은 아랍 여인'에게 해줄 적당한 찬사가 떠오르지 않았다. 나는 천천히 사진을 계산대에 내려놓으며 말했다.

"굉장히 앞서가는 아가씨네요. 우리 마을 여자들과는 딴판인데요."

나는 단지 이 말만 했다. 샤론의 마음을 상하게 하지 않으면서 내 양심도 속이지 않는 말이었다. 샤론은 그 말에 몹시 기뻐하며 맞장구쳤다.

"네, 샤이다는 유행에 무척 민감해요. 정말 아름답죠. 여기는 샤이다에 견줄 만한 여자가 없어요."

나는 웃으며 물었다.

"지금 어디 있어요?"

"몬테카를로요."

샤론은 자기 아내를 여신으로 여기는 듯했다.

"몬테카를로에 가봤어요?"

나는 내 귀를 의심했다.

"아뇨, 우리는 작년에 알제리에서 결혼했어요."

"결혼했는데 왜 부인은 사막에 같이 안 왔어요?"

내 질문에 샤론의 얼굴에서 들뜬 표정이 싹 사라지고 다시 암담해졌다.

"샤이다가 나 먼저 가 있으래요. 자기는 며칠 있다 오빠와 같이 오겠다고요. 그런데, 그런데……."

"여태 오지 않았군요."

내가 말을 받자 샤론은 나를 보며 고개를 끄덕였다. 나는 다시 물었다.

"얼마나 됐어요?"

"1년이 넘었어요."

"왜 빨리 편지를 쓰지 않았어요?"

"내가……."

샤론은 목이 메어 말을 잇기 힘들어했다.

"내가 누구한테 이런 얘기를……."

샤론은 한숨을 푹 쉬었다.

그런데 왜 전혀 상관없는 남인 나한테 이런 말을 하는 거지?

"주소 좀 줘보세요."

아무튼 나는 샤론을 도와주기로 마음먹었다.

샤론이 내민 주소는 정말 모나코의 몬테카를로였다. 알제리가 아니었다.

"이 주소는 어디서 난 거예요?"

"알제리로 아내를 찾으러 갔었어요. 석 달 전에……."

샤론은 더듬더듬 말했다.

"아휴, 왜 진작 말 안 했어요. 어쩐지 뭔가 이상하다 했더니. 찾아가 본 적이 있군요."

"샤이다는 없었어요. 샤이다 오빠가 다른 데로 갔다면서 저에게 이 사진과 주소를 줘서 돌려보냈어요."

사진 속의 그 천박한 여인을 찾아 천 리도 넘는 사막을 건너갔다고? 나는 샤론의 충직한 얼굴을 바라보며 감탄을 금치 못했다.

"샤론, 하나만 물어볼게요. 결혼할 때 샤이다에게 돈을 얼마나 줬어요?"

갑자기 사막의 풍습이 생각났다.

불나비사랑

"아주 많이요."

샤론은 또 고개를 떨어뜨렸다. 내가 그의 아픈 곳을 찌른 모양이었다.

"얼마나요?"

나는 다시 조심스럽게 물었다.

"30만 페세타요."

나는 깜짝 놀라서 펄쩍 뛰었다.

"그렇게 돈이 많아요? 거짓말!"

"진짜예요. 아버지께서 돌아가시면서 남겨 주신 거예요. 형한테 물어보세요."

샤론은 꿋꿋하게 해명했다.

"알았어요. 그 다음은 내가 말해 볼게요. 당신은 작년에 아버지가 남겨 주신 돈으로 알제리에 물건을 사러 갔어요. 여기 가져와 팔려고요. 그런데 물건은 하나도 못 사고 사진 속의 샤이다를 만나 결혼했어요. 돈은 몽땅 샤이다에게 줬고요. 당신 먼저 혼자 돌아왔는데 샤이다는 아직도 안 왔고요. 내 말이 맞죠?"

아주 단순한 사기 결혼이었다.

"네, 다 맞아요. 어떻게 그렇게 눈으로 본 것처럼 잘 아세요?"

내 말이 다 들어맞자 샤론은 오히려 좀 신이 난 것 같았다.
"정말 모르겠어요?"
나는 눈을 동그랗게 뜨고 물었다. 어떻게 저럴 수가.
"샤이다가 왜 나한테 안 오는지 모르겠어요. 그래서 편지를 써 달라고 부탁하는 거예요. 샤이다에게 말해 주세요. 나는, 나는……."
샤론은 갑자기 감정이 격해졌는지 손으로 머리를 감싸고는 이렇게 중얼거렸다.
"나는 지금 아무것도 가진 게 없어요."
나는 얼른 시선을 돌렸다. 이 성실하고 꾸밈없는 사람의 진정이 흘러나오는 표정을 보니 갑자기 마음이 짠해졌다. 처음 보았을 때부터 샤론은 뭔가 고독한 비애감을 은은히 풍기고 있었다. 마치 제정 러시아 시대의 소설에 나오는 크나큰 고통을 견디며 살아가는 주인공처럼.
"지금 편지를 쓰자고요. 시간이 좀 있어요."
내가 정신을 차리고 이렇게 말하자 샤론은 조용히 간청했다.
"형한테는 편지에 대해 얘기하지 말아 주세요."
"아무 말 안 할 테니 걱정 말아요."
나는 공책을 열고 편지 쓸 준비를 했다.

"자, 불러 보세요. 내가 받아쓸게요. 자……."

나는 다시 그를 재촉했다.

"샤이다, 나의 아내……."

샤론은 떨리는 목소리로 이 몇 마디를 내뱉고는 말을 멈췄다.

나는 다시 편지를 쓰기가 싫어졌다. 그 사기꾼 여자는 이 편지를 읽을 줄도 모를 게 뻔했고 또 그 여자가 무슨 아내란 말인가.

"아무래도 안 되겠어요. 난 스페인어밖에 쓸 줄 모르는데 샤이다가 어떻게 편지를 읽겠어요?"

"상관없어요. 제발 써주세요. 샤이다는 편지 읽어 줄 사람을 찾을 거예요. 부탁이에요……."

샤론은 내가 편지를 쓰지 않겠다고 할까 봐 다급하게 간청했다.

"알았어요. 계속 불러 보세요."

나는 고개를 숙이고 다시 펜을 들었다.

"우리가 떨어져 있던 작년부터 나는 한시도 당신을 잊은 적이 없어요. 당신을 찾으러 알제리에도 갔고……."

샤이다를 향한 무한한 사랑이 없었다면 샤론은 자신의 수줍은 성격을 결코 극복하지 못했을 것이나. 이렇게 낯선 사람

앞에서 마음 깊은 곳에 감춰진 뜨거운 열정을 토로하다니.

"다 썼어요! 서명하세요."

나는 편지를 쓴 종이를 뜯어 샤론에게 내밀었다. 샤론은 편지에 아랍 문자로 자기 이름을 조심스럽게 쓰고 한숨을 내쉬었다. 그러고는 희망에 가득 찬 얼굴로 말했다.

"이제 답장이 오기만 기다리면 되겠네요."

나는 뭐라 대꾸해야 할지 몰라 그냥 잠자코 샤론을 보기만 했다.

"당신 주소를 써도 돼요? 호세가 귀찮아할까요?"

"괜찮아요. 호세는 개의치 않을 거예요. 그럼 당신 주소 대신 우리 주소를 쓸게요."

나는 답장 받을 주소를 남길 생각은 하지도 않았더랬다.

"지금 가서 부치고 올래요."

샤론은 내게 우표까지 얻어 붙이고는 가게 문을 닫고 시내로 쏜살같이 달려갔다.

편지를 부친 그 다음 날부터 샤론은 내가 가게로 들어서기만 하면 깜짝깜짝 놀랐다. 내가 고개를 흔들면 너무나도 낙담한 표정이 되었다. 벌써부터 이렇게 기다림의 고통이 시작됐으니 앞으로 어쩐단 말인가?

한 달이 지났다. 그 말없는 번뇌의 표정 때문에 나는 더 이상 샤론의 가게에 물건을 사러 갈 수가 없었다. 샤론에게 이 말을 어떻게 한단 말인가. 답장은 안 와요, 안 와요, 안 온다고요…… 제발 희망을 버려요.

내가 가게에 나타나지 않자 샤론은 매일 저녁 가게 문을 닫은 다음 우리 집에 와서 창밖에 조용히 서 있었다. 문도 두드리지 않고 그저 내가 자신을 발견하기만을 기다리며 조용히 서 있었다. 편지가 오지 않았다고 알려 주면 샤론은 힘없이 고맙다는 말을 하고 천천히 가게로 돌아갔다. 그러고는 가게 앞에 쪼그리고 앉아 몇 시간씩 우두커니 하늘만 바라보았다.

한참이 지난 어느 날, 우편함을 열어 보니 편지 몇 통과 함께 우체국 사무실에 다녀가라는 통지서가 들어 있었다.

"뭐가 왔는데요?"

나는 우체국 직원에게 물었다.

"등기우편이 왔어요. 부인 주소로 샤론 하미다라는 사람에게 온 건데요. 친구예요, 아니면 잘못 온 거예요?"

"아!"

나는 모나코에서 온 편지를 받아 들고 놀란 나머지 소름이 쫙 돋았다. 내가 완전히 잘못 짚었구나. 샤이다는 사기꾼이 아니었어. 편지를 보냈잖아, 게다가 등기우편으로. 샤론이 얼마나 기뻐할까. 나는 편지를 움켜쥐고 서둘러 샤론에게 갔다.

"빨리 읽어요, 빨리!"

샤론은 마구 재촉하며 가게 문을 닫았다. 온몸을 부들부들 떨며 눈에서는 광기를 내뿜었다.

봉투를 뜯고 편지를 펼쳤다. 그런데 이런, 프랑스어였다. 샤론에게 너무 미안한 마음이 들었다.

"프랑스 말이네요."

나는 손가락을 깨물었다. 샤론은 막다른 궁지에 몰린 듯 초조해했다.

"나한테 온 건 틀림없죠?"

샤론이 나지막이 물었다. 큰 소리를 냈다간 이 달콤한 꿈이 깨질까 두려운 듯했다.

"그럼요. 샤이다가 당신을 사랑한대요."

나는 이 한 마디밖에 읽을 수가 없었다.

"짐작이라도 좀 해보세요. 제발요. 또 뭐래요?"

샤론은 완전히 미친 사람 같았다.

"모르겠어요. 호세가 퇴근하면 물어볼게요."

집으로 돌아가는데 샤론이 마치 강시처럼 뻣뻣하게 내 뒤를 따라왔다. 할 수 없이 들어가 호세를 기다리자고 했다.

호세는 가끔 가다 대단히 험상궂은 얼굴로 돌아오는 날이 있었다. 회사에서 안 좋은 일이 있거나 하면 그랬는데 나는 익숙해져서 크게 신경 쓰지 않았다.

그런데 바로 이날, 호세는 바로 그런 얼굴로 특별히 일찍 돌아왔다. 호세는 샤론을 보고도 차갑게 고개만 까딱할 뿐 한 마디 말도 없이 신발을 벗었다. 샤론은 편지를 들고 호세가 관심을 가져 주길 기다렸다. 그러나 호세는 본 체도 않고 방으로 휙 들어가 버렸다. 한참 만에 반바지 차림으로 방에서 나오더니 곧바로 욕실로 향했다.

샤론의 긴장감은 이미 포화점에 이르렀다. 갑자기 샤론은 아무 말 없이 편지를 내밀며 호세 앞에 쫘당 무릎을 꿇었다. 호세의 다리를 부둥켜안을 기세였다.

나는 부엌에서 그 광경을 보고 질겁해서 뛰쳐나왔다. 저 미치광이를 나의 작은 집으로 데려와 소란을 피우다니…… 나 자신에게 화가 났다.

자신만의 세상에서 노닐던 호세는 갑자기 샤론이 달려들어 무릎을 꿇자 기절초풍해 소리를 질렀다.

"왜 이래요, 왜 이래! 쌴마오, 나 좀 살려 줘!"

나는 있는 힘을 다해 샤론을 일으키고 가까스로 두 사람을 진정시켰다. 나는 완전히 진이 빠져 버렸다. 좀 쉴 수 있도록 샤론이 빨리 가주기만을 간절히 바랄 뿐이었다.

호세가 편지 내용을 샤론에게 알려 주었다.

"부인도 당신을 사랑한답니다. 그런데 부인은 지금 사하라에 올 수 없다네요. 돈이 없대요. 당신이 10만 페세타를 알제리에 있는 오빠에게 부쳐 주면 오빠가 비행기 표를 구해 줄 거래요. 그러면 당신에게 와서 다시는 헤어지지 않겠대요."

"뭐라고? 누굴 봉으로 아나! 어떻게 또 돈을 달래……."

나는 버럭 소리를 질렀다. 그러나 샤론은 조금도 실망하는 기색 없이 호세에게 이것저것 물었다.

"샤이다가 온대요? 진짜 오겠대요?"

샤론의 눈빛은 꿈꾸는 듯 행복해 보였다.

"돈은 문제없어요. 괜찮아요, 괜찮아."

샤론이 혼자 중얼거렸다.

"그만둬요, 샤론."

그래 봤자 샤론이 꿈에서 깨어날 리 없었다.

"이거 드릴게요."

샤론은 기쁨에 넘쳐 정신이 나갔는지 손가락에 끼고 있던 유일한 은반지를 빼서 호세의 손에 밀어 넣었다.

"샤론, 아니에요. 당신이 갖고 있어요."

호세는 다시 샤론의 손에 반지를 쥐어 주었다.

"고마워요, 정말 고마워요. 너무너무 큰 도움을 받았어요."

샤론은 감격에 겨운 채 돌아갔다.

"샤론 부인이 도대체 어떤 여자야? 샤론이 완전히 미쳐 있잖아?"

호세가 어리둥절해서 물었다.

"부인은 무슨 부인, 창녀가 뻔해!"

그런 가짜 꽃에게는 그런 호칭이 어울렸다.

편지를 받은 뒤로 샤론은 온갖 일을 하면서 돈을 벌기 시작했다. 낮에는 가게를 보고 밤에는 시내의 큰 빵집에서 빵을 구웠다. 밤낮으로 고된 일을 하느라 새벽 5시부터 8시까지밖에 자지 못했다.

보름이 지났다. 샤론은 급격히 초췌해지고 있었다. 몸에는 뼈와 가죽만 남고 눈에는 시뻘건 핏발이 가득했다. 머리는 지저분하게 엉켜 있고 옷은 걸레처럼 꼬질꼬질했다. 반면에 말이 많아졌고 목소리에 생기와 희망이 넘쳤다. 하지만 나는 샤론의 마음속 깊은 곳에 있는 고통을 감지했다.

얼마 지나지 않아 나는 샤론이 담배를 끊은 사실을 알아차렸다.

"한 푼이라도 더 모으려면 아껴야죠. 담배쯤 안 피워도 돼요."

두 달이 지나자 샤론의 몸에는 뼈밖에 남아 있지 않았다.

"샤론, 그렇게 밤낮으로 고생해서 얼마나 모았어요?"

"만 페세타요. 두 달 동안 만 페세타나 모았어요. 빠르죠? 나 때문에 그렇게 조급해할 것 없는데."

샤론은 횡설수설 떠들었다. 오랜 수면 부족으로 정신까지 쇠약해질 대로 쇠약해져 있었다.

도대체 샤이다에게 어떤 마력이 있기에 겨우 사흘을 함께 한 남자가 이토록 그녀를 사랑하고 이토록 잊지 못하며 생각만으로도 행복해하는 걸까.

또 한참이 지났다. 샤론은 여전히 살았는지 죽었는지 모를 정도로 정신을 놓고 있었다. 저러다 죽는 게 아닐까 걱정스러웠다.

어느 날 밤, 샤론은 너무 피곤한 나머지 두 손을 벌겋게 달아오른 철판 위에 올려놨다가 심한 화상을 입었다. 그러나 샤론의 형은 절대 가게 일을 쉬게 해주지 않았다.

나는 샤론이 양 손목에 물건을 끼고 손님에게 건네주는 모습을 불안하게 지켜보았다. 샤론은 허둥지둥하다가 이걸 놓치고 저걸 떨어뜨리곤 했다. 형이 오면 형의 차가운 눈초리 때문에 샤론은 더욱 긴장했다. 토마토가 바닥에 떨어져 떼굴떼굴 굴러갔다. 샤론은 물집이 가득한 손으로 주우려고 안간힘을 썼다. 커다란 땀방울이 뚝뚝 떨어졌다.

가엾은 샤론. 언제쯤이면 샤이다를 향한 정신 나간 갈망에서 벗어날 수 있을까? 지금 샤론은 더욱 고독하고 고통스러워 보였다.

손을 데고 나서도 샤론은 매일 밤 약을 바르고 빵집에 가서 일했다. 우리 집에 왔을 때만이 마음 깊이 숨겨진 비밀을 마음껏 털어놓는 시간이었다. 샤론은 이미 지난날 샤이다가 안겨 준 좌절을 모두 잊고 있었다. 한 푼이라도 더 모아야 꿈속의 행복으로 한 발짝 더 다가갈 수 있다는 생각뿐이었다.

그날 저녁 샤론은 습관처럼 우리 집에 왔다. 함께 식사하자고 했으나 샤론은 손이 불편해서 아무것도 먹고 싶지 않다고 했다.

"금방 나을 거예요. 다 나아 가요. 오늘 밤엔 빵을 구울 수 있을 거예요. 샤이다는……."

샤론은 또다시 그 변치 않는 꿈을 꾸기 시작했다.

호세는 이번에는 의외로 다정하게 샤론의 말에 귀를 기울였다. 나는 샤론의 붕대를 갈아 주려는 참이었는데, 샤론이 또 샤이다 얘기를 시작하자 짜증이 벌컥 났다.

"샤이다, 샤이다, 샤이다. 하루 종일 그 여자 얘기예요! 정말 몰라요, 아니면 모르는 척하는 거예요? 샤이다는…… 창녀라고요!"

수습할 수 없는 말을 내뱉고 말았다.

호세가 고개를 번쩍 들고 샤론의 표정을 살폈다. 집 안은 차가운 적막에 휩싸였다.

나는 샤론이 달려들어 내 목이라도 조를 줄 알았다. 하지만 샤론은 그러지 않았다. 내가 던진 말은 커다란 몽둥이가 되어 샤론의 마음을 흠씬 두들겨 팬 것이었다. 샤론은 느릿느릿 고개를 돌려 가만히 나를 바라보았다. 무슨 말인가 하려는데 입이 안 떨어지는 모양이었다. 나도 비쩍 말라붙은 샤론의 가련한 얼굴을 말없이 응시했다.

그 얼굴에는 분노한 기색이 없었다. 샤론은 화상을 입은 두 손을 쳐들고 하염없이 보고만 있었다. 갑자기 두 눈에 눈물이 고이더니 주룩주룩 흘러내리기 시작했다. 샤론은 아무 말 없이 문을 박차고 시커먼 광야로 뛰쳐나갔다.

"샤론이 정말 사기당했다고 생각해?"

호세가 조용히 물었다.

"샤론 자신도 처음부터 지금까지 속았다는 걸 분명히 알고 있어. 다만 꿈에서 깨어나고 싶지 않은 거야. 스스로 자신을 구할 생각이 없는데 누가 구해 주겠어."

나는 이렇게 확신했다.

"샤이다가 어떻게 샤론을 사로잡은 걸까?"

"정욕의 대가겠지. 샤론은 분명 샤이다의 몸을 원했을 거야.

불나비사랑

샤론은 평생 애정 결핍을 겪어 왔어. 사랑, 혈육의 정, 따뜻한 가정을 원했어. 그렇게 고지식하고 외로운 청춘에게 거짓일망정 사랑한다는 여자가 나타났으니 당연히 묻지도 따지지도 않고 붙잡으려 한 거지."

호세는 아무 대꾸도 하지 않고 불을 껐다. 우리는 어둠 속에 가만히 앉아 있었다.

우리는 샤론이 다시는 우리에게 오지 않을 줄 알았다. 그런데 이튿날 샤론은 다시 왔다.

나는 샤론의 손에 약을 발라 주면서 말했다.

"좋아졌어요. 오늘 밤에 빵을 구울 때는 아프지 않을 거예요. 며칠 있으면 완전히 새살이 돋겠네요."

샤론은 별다른 말이 없이 매우 침착했다. 문을 나서면서 샤론은 무슨 말을 하고 싶은 것 같았지만 그냥 말없이 걸어갔다. 그러더니 갑자기 몸을 돌리며 큰 소리로 외쳤다.

"고마워요!"

순간 이상한 직감이 왔지만 내 입에서는 딴소리가 나왔다.

"고맙긴 뭐가 고마워요. 이제 그런 정신 나간 짓 하지 말아요. 얼른 가서 일하세요."

샤론은 나를 보며 미소를 지었다. 샤론이 나가자 나는 문을 닫고 돌아섰다. 그런데 아무래도 뭔가 어색했다. 샤론은 원래 웃을 줄 모르는 사람이잖아!

사흘이 지난 아침, 쓰레기를 버리려고 문을 열자 경찰 두 명이 문 앞에 서 있었다.

"실례합니다. 싼마오 씨?"

"네, 전데요."

나는 속으로 중얼거렸다. 샤론이 결국 죽었구나.

"샤론 하미다라는 사람을······."

"샤론은 제 친군데요."

나는 침착하게 대답했다.

"샤론이 어디로 갔는지 아십니까?"

"샤론이 없어졌다고요?"

내가 되물었다.

"어제 저녁 형의 상점에서 물건을 떼어 올 돈과 빵집에서 수금해 온 돈을 가지고 도망쳤습니다."

"아······."

샤론이 그런 방법을 택할 줄이야.

"샤론이 최근 이상한 말을 하거나 어디로 간다는 얘기를 한 적은 없습니까?"

"없는데요. 샤론은 무척이나 말이 없는 사람이에요."

나는 경찰을 보내고 나서 한잠 잤다.

"샤론이 왜 사막을 버리고 떠났다고 생각해? 사막은 사하라위 사람들의 뿌리인데."

호세가 저녁을 먹으며 내게 물었다.

"어쨌든 샤론은 다시는 돌아올 수 없게 돼버렸어. 사방에서 찾고 있으니."

저녁을 먹고 나서 우리는 옥상으로 올라갔다. 바람이 없는 밤이었다. 등불을 켜자 날벌레 한 떼가 몰려들었다. 벌레들은 쉬지 않고 불 주위를 맴돌았다. 마치 그 불빛이 유일한 삶의 목적인 양. 우리는 날벌레 떼를 바라보며 말없이 앉아 있었다.

"무슨 생각해?"

호세가 물었다.

"이 날벌레들은 불을 향해 돌진할 때 가장 행복하겠지."

사막의 이웃들

＊

　내 이웃들은 겉으로 보기에는 지저분하기 짝이 없는 사하라위족이다.
　더러운 옷이나 몸에서 나는 냄새 때문에 그들이 가난하다고 착각하기 십상이지만, 사실 이곳에 사는 사람들은 모두 당당한 직업이 있고 정부 보조금까지 받고 있다. 게다가 그들은 유럽인에게 집을 세놓고 양과 염소도 잔뜩 기른다. 시내에서 상점을 운영하는 사람도 있다. 모두들 안정되고 풍족한 생활을 누리고 있다.
　그래서 여기 사람들은 늘 이렇게 말한다.
　"경제적 기반이 없는 사하라위족은 이곳 라윤에서 살 수가 없지."

작년에 처음 이곳에 온 몇 달간은(결혼하기 전이었다) 라윤을 떠나 깊고 거대한 사막으로 여행을 다녔다. 여행에서 돌아올 때마다 강도를 만난 것처럼 주머니가 텅 비곤 했다. 사막에 사는 가난한 사하라위족은 내 텐트의 못 하나까지 빼 갈 정도였으니 지니고 갔던 물건이야 더 말할 것도 없었다.

사막의 번화가라는 라윤에 살게 되면서 이웃들이 모두 사막의 부자라는 사실을 알고 나는 속으로 무척 다행스러웠다. 돈 많은 이웃들과 어울려 살면 이점이 많을 거라는 환상을 품고 있었다.

그러나 나중에 벌어진 일들을 얘기하자면…… 그건 완전한 착각이었다.

처음으로 이웃집에 초대받아 차를 마신 날이었다. 집에 돌아와서 보니 호세와 내 신발에는 염소 똥이 덕지덕지 묻어 있고 내 긴 치마에는 집주인의 막내아들이 흘린 침으로 커다란 얼룩이 져 있었다.

다음 날 나는 집주인의 딸들에게 물로 바닥을 닦고 깔개는 햇볕에 말리라고 가르쳐 주었다. 물론 물통과 가루비누, 대걸레와 물은 전부 내가 내주어야 했다.

여기서는 이웃끼리 다들 무척 친밀했기 때문에 내 물통과 대걸레는 종종 저녁까지 돌고 돌면서 좀처럼 내 차례가 돌아오지 않았다. 그러나 뭐라고 할 수도 없었다. 이웃들은 다 쓰고 난 물통과 대걸레를 분명히 돌려주었으니까.

우리 집에는 번지도 없었지만 이곳에 오래 사는 동안 멀리 살든 가까이 살든 수많은 이웃이 우리 집을 찾아왔다.

나는 '군자의 사귐은 담담하기가 물과 같다'君子之交淡如水는 도리를 충실히 지키려고 약을 나눠 줄 때 말고는 이웃과 그다지 왕래를 하지 않았다.

그런데 날이 갈수록 이웃들이 어찌나 들락날락하는지 우리 집 문턱이 다 닳을 지경이었다. 문을 열었다 하면 이웃 아낙들과 아이들이 몰려들었다. 이웃들은 우리 집 숟가락 젓가락이 몇 개인지까지 훤히 꿰뚫게 되었다.

호세와 나는 좀스럽게 굴지 않고 이웃에게 친절하게 대하려 했다. 그런데 그들은 서서히 우리의 약점을 한껏 이용하기 시작했다.

매일 아침 9시쯤부터 우리는 아이들의 이런저런 요구에 끊임없이 시달렸다.

"우리 형이 전구 하나만 빌려 달래요."

"엄마가 양파 하나만 달래요."

"아빠가 휘발유 한 통만 빌려 오래요."

"솜이 좀 필요한데……."

"헤어드라이어 좀 빌려줘요."

"언니가 다리미 좀 빌려 오래요."

"못 좀 주세요. 전깃줄도요."

이 밖에도 이웃들은 별의별 것을 다 달라고 했는데 가증스럽게도 우리 집에는 그 물건들이 모조리 있었다. 그래서 빌려주지 않으면 괜히 미안하고 또 빌려주면 당연히 돌려받지 못했다.

"이런 얄미운 인간들, 왜 시내에 가서 사다 쓰지 않는 거야?"

호세는 늘 이렇게 투덜거렸지만 아이들이 오면 곧바로 물건을 내주고 말았다.

언제부터인지 모르게 이웃 아이들은 돈까지 달라고 하기 시작했다. 우리가 문밖에 나서기만 하면 아이들이 우리를 빙 둘러싸고 "5페세타만 주세요, 5페세타만!" 하고 외쳐댔다. 그중에는 집주인의 아이들도 끼어 있었다.

나는 절대로 아이들에게 돈을 주지 않았지만 아이들은 굴하지 않고 내게 달라붙었다.

어느 날 나는 집주인의 아이에게 말했다.

"너희 아빠는 이 낡은 집을 우리한테 빌려주고 만 페세타를 받는단다. 그런데 너까지 날마다 5페세타를 달라고 하니 차라리 이사 가는 게 낫겠다."

그 뒤로 아이들은 돈을 달라고 하지 않았다. 대신 캐러멜을 달라고 했다. 그거야 기꺼이 나눠 줄 수 있었다.

아마 아이들은 내가 이사 가는 게 싫었나 보다. 그러니까 더 이상 돈을 달라고 조르지 않는 거겠지.

하루는 이웃집 꼬맹이 라푸가 문을 두드렸다. 문을 열어 보니 집채만 한 낙타 시체가 문 앞에 놓여 있고 바닥은 시뻘건 피로 흥건했다. 나는 기겁을 했다.

"우리 엄마가 이 낙타를 아줌마네 냉장고에 좀 넣어 두래요."

고개를 돌려 내 조그만 냉장고를 보니 한숨이 나왔다. 나는 무릎을 꿇고 라푸에게 말했다.

"라푸, 엄마한테 가서 말해. 너희 집 큰 방을 나한테 반짇고리로 쓰라고 주면 이 낙타를 우리 냉장고에 넣어 준다고."

라푸는 곧바로 물었다.

"아줌마 바늘이 어디 있는데요?"

당연히 낙타는 우리 냉장고에 들어가지 않았다. 그러나 라푸 엄마는 거의 한 달 동안 굳은 표정이었다. 그녀는 단지 이 말 한 마디만 했다.

"내 부탁을 거절하다니, 당신은 내 자존심을 건드렸어요."

사막의 이웃들

사하라위족은 모두 자존심이 무척 강했다. 나는 감히 그들의 자존심을 건드리고 싶지 않았기 때문에 물건을 빌려주는 수밖에 없었다.

하루는 아낙네 여럿이 몰려와서 '빨간 약(머큐로크롬)'을 빌려 달라고 했다. 나는 약을 내주지 않고 고집을 부려 보았다.

"누가 다쳤어요? 그럼 다친 사람보고 와서 바르라고 해요."

그러나 그들은 가져가서 발라 주겠다고 우겼다.

몇 시간 뒤, 밖에서 둥둥 북소리가 들려왔다. 뛰어나가 보니 공용 옥상에서 여자들이 얼굴과 두 손에 빨간 약을 잔뜩 칠하고 덩실덩실 춤을 추며 노래를 부르고 있었다. 유쾌하기 그지없는 광경이었다. 빨간 약이 이렇게 희한한 효과를 낳은 걸 보고 나는 화를 낼 수가 없었다.

더욱 우리를 괴롭히는 사람은 병원에서 조수로 일하는 이웃집 남자였다. 그는 문명의 세례를 좀 받더니만 다른 식구들처럼 손으로 식사를 하지 않으려 했다. 그래서 식사 때마다 그 집 아이가 달려와 우리 집 문을 두드렸다.

"우리 아빠가 지금 식사하신대요. 나이프와 포크 좀 빌려주세요."

이렇게 규칙적으로 그날의 거래가 시작되곤 했다.

그 아이는 매번 빌려 간 나이프와 포크를 되돌려 수긴 했시

만 귀찮아 견딜 수가 없었다. 그래서 나는 아예 새것을 사주고 다시는 오지 말라고 했다. 그런데 이틀 뒤 그 아이가 또다시 문을 두드렸다.

"왜 또 왔니? 엊그제 내가 사준 건 어쩌고."

나는 무뚝뚝하게 말했다.

"엄마가 그건 새거니까 잘 놔둔대요. 지금 아빠가 식사를……."

"너희 아빠가 밥 먹는 거랑 나랑 무슨 상관이야!"

나는 아이에게 버럭 소리를 질렀다. 그 아이는 작은 새처럼 몸을 움츠렸다. 그걸 보자 마음이 약해져서 나이프와 포크를 또 빌려주고 말았다. 어쨌든 밥 먹는 일은 중요하니까.

사막의 집은 모두 지붕 한가운데에 구멍이 나 있다. 우리 집도 마찬가지다. 밥을 먹을 때는 물론 잠을 잘 때도 이웃 아이들이 옥상에 올라가 그 구멍을 통해 집 안을 들여다보았다.

모래바람이 미친 듯이 휘몰아칠 때면 집 안으로 모래가 비처럼 쏟아져 내렸다. 이런 날씨 속에서 살려면 호세와 나는 모래 강의 사오정* 역할을 맡아야만 했다. 다른 배역을 맡을 여

---

* 『서유기』의 등장인물. 하늘나라의 장수였지만 중요한 잔칫상에서 귀한 잔을 깬 죄로 땅으로 쫓겨 내려와 모래 강에서 괴물로 살아가다 손오공과 삼장법사를 만난다.

사막의 이웃들

지가 없었다.

집주인에게 누차 요구했지만 집주인은 좀처럼 구멍을 막아 주려 하지 않았다. 할 수 없이 우리가 직접 재료를 사다가 호세가 3주에 걸쳐 일요일마다 작업한 결과, 노란색 불투명 유리로 구멍을 잘 막았다. 유리로 비친 따사로운 햇살을 가득 품은 집 안은 무척이나 아름답고 깔끔했다. 고심 끝에 커다란 화분 아홉 개를 새로 만든 지붕 아래 끌어다 놓았더니 화초들은 더더욱 푸르러졌다. 덕분에 우리 생활 환경이 한층 개선된 느낌이었다.

어느 날 오후, 나는 음악을 틀어 놓고 요리책을 보면서 케이크를 만드느라 분주했다. 그때 갑자기 유리로 덮은 지붕 위로 누군가가 걸어가는 듯한 소리가 들렸다. 고개를 들어 보니 바로 내 머리 위로 커다란 염소의 그림자가 드리워졌다. 망할 놈의 염소가 경사진 우리 지붕을 산비탈처럼 타고 올라가고 있지 않은가!

나는 식칼을 쥐고 옥상으로 통하는 베란다 계단으로 달려갔다. 그런데 옥상에 채 닿기도 전에 빠직 소리가 들리더니 곧 하늘이 내려앉는 굉음과 함께 부러진 나무판자와 유리 조각이 비처럼 쏟아져 내렸다. 물론 그 커다란 염소도 우리의 작은 집 안에 떨어져 있었다. 나는 미친 듯이 흥분해서 황급히 빗자루를 집어 들고 염소를 두들겨 내쫓았다. 그러고는 화가 잔뜩 난 채 뻥 뚫린 구멍으로 파란 하늘을 올려다보았다.

 망가진 지붕은 누구에게 보상받아야 하는 걸까. 우리는 할 수 없이 다시 재료를 사다가 수리하기로 했다.

 "이번에는 기와가 어떨까?"

 내가 제안했다.

 "안 돼. 우리 집에는 거리로 난 창 하나밖에 없는데 기와로 막으면 빛이 하나도 안 들잖아."

 호세는 무척 괴로워했다. 호세도 일요일까지 일하기는 싫었으니까.

 얼마 지나지 않아 우리는 지붕을 흰색 반투명 플라스틱판으로 새로이 단장했다. 호세는 옥상에 허리 높이의 울타리도 만들어 이웃 옥상과 분리시켰다. 염소나 양이 왔다 갔다 하는 것도 방지하고 툭하면 옥상에 널어놓은 내 속바지를 가져가는 이웃 여자애들도 막기 위해서였다. 그 애들은 훔쳐 가는 게 아니라 며칠 있다가 다시 옥상에 던져 놓았다. 바람에 날려 갔던 셈 칠 수밖에 없었다.

 플라스틱 지붕으로 새로 덮은 뒤에도 염소가 네 번이나 더 떨어졌다. 참다못한 우리는 이웃에게 가서 그것들이 한 번만 더 지붕을 뚫어 놓으면 그냥 잡아먹어 버릴 테니 염소 우리를 제대로 달아 두라고 경고했다.

우리 이웃은 다들 아주 똑똑한 사람들이었다. 우리가 화를 내며 소리를 지르건 조용조용 따지건 아무 대답 없이 염소를 껴안고 살살 눈웃음만 쳤다.

염소가 지붕에서 곤두박질치는 희한한 광경은 계속 이어졌지만, 호세는 그때마다 집에 없어서 그게 얼마나 간 떨어지는 상황인지 체험하지 못했다.

어느 일요일 노을이 질 무렵이었다. 정신 나간 염소 한 떼가 울타리를 펄쩍펄쩍 뛰어넘더니 겁도 없이 지붕 꼭대기를 향해 올라갔다.

나는 즉시 고함을 질렀다.

"호세! 호세! 염소가 왔어!"

호세는 보고 있던 잡지를 내팽개치고 거실로 뛰쳐나왔지만 한발 늦었다. 초중량급 염소 한 마리가 플라스틱 지붕을 부수고 호세 머리 위로 쿵 떨어졌다. 둘 다 시멘트 바닥에 뻗어 끙끙대고 있었다.

간신히 염소 밑에서 기어 나온 호세는 아무 말 없이 밧줄을 가져다 염소를 기둥에 묶었다. 그리고 나서 우리는 옥상에 올라가 어느 집 막돼먹은 인간이 염소를 풀어 놓았는지 살펴보았다. 그러나 옥상에는 아무도 없었다.

"내일 잡아먹어 버리겠어."

호세가 이를 악물고 말했다.

우리는 옥상에서 내려와 다시 염소한테 갔다. 포로는 울기는커녕 도리어 웃고 있는 것 같았다. 고개를 숙여 보니, 맙소사! 내가 1년 동안 정성 들여 가꾼 화초 잎사귀를 이 녀석이 하나도 남김없이 먹어치운 것이 아닌가!

나는 놀라고 화가 나고 속상한 나머지 손을 쳐들고 전신의 힘을 모아 염소의 따귀를 한 대 갈겼다.

"호세, 이것 좀 봐!"

그러고는 욕실로 뛰어들어 커다란 수건에 얼굴을 파묻었다. 눈물이 주룩주룩 흘러내렸다.

내가 사막 생활에서 기운이 빠져 흘린 첫 번째 눈물이었다.

염소는 물론 잡아먹히지 않고 무사했다.

이웃들과도 계속 화목하게 지냈다. 이웃들에게 물건을 빌려주느라 우리 집 문턱만 반질반질 닳아 갔다.

하루는 성냥이 다 떨어져 집주인네로 달려가 빌려 달라고 했다.

"없어요, 없어."

안주인이 배시시 웃으며 말했다.

나는 다른 이웃집 부엌으로 뛰어갔다.

"당신한테 세 개비 주고 나면 우리가 쓸 게 없는데."

이웃 여자의 표정은 딱딱하기 그지없었다.

"이거 지난주에 내가 준 거잖아요. 지금까지 다섯 갑이나 줬는데 기억 안 나요?"

화가 치밀기 시작했다.

"맞아요. 아무튼 지금은 한 갑밖에 안 남았는데 어떻게 당신한테 줘요?"

이웃 여자는 더욱 불쾌해했다.

"당신은 내 자존심을 건드렸어요."

나는 그들에게 배운 말투로 이렇게 내뱉었다.

성냥 세 개비를 간신히 얻어 가지고 돌아오면서 생각했다. 슈바이처처럼 산다는 건 정말 보통 일이 아니겠구나…….

사막에서 1년 반을 살면서 호세는 이웃의 전기공, 목수, 미장이가 됐고 나는 대서인, 간호사, 선생, 재봉사 노릇을 하게 됐다. 모두 이웃들이 훈련시킨 것이나 다름없었다.

사하라위 소녀들은 피부가 좋고 얼굴도 무척 예쁘다. 평소 부족 사람들 앞에서는 얼굴을 가리고 있어야 했지만 우리 집에 오면 모두 얼굴을 가린 천을 활짝 걷었다.

그중 미나라는 아이는 정말 아리따운 소녀였다. 미나는 나도 좋아했지만 호세를 더욱 좋아해서 호세가 집에 있기만 하면 곱게 단장하고 우리 집에 와서 앉아 있곤 했다. 나중에는 우리 집에 앉아 있는 것이 별 재미가 없어졌는지 차츰 이런저런 이유를 대가며 호세를 자기 집으로 불러 가기 시작했다.

어느 날 또 미나가 와서 창밖에서 소리쳤다.

"호세! 호세!"

우리는 그때 밥을 먹고 있었다. 나는 미나에게 물었다.

"호세는 왜 찾아?"

"우리 집 대문이 망가졌어요. 와서 좀 고쳐 주세요."

호세는 그 말을 듣자마자 숟가락을 내려놓고 일어나려 했다.

"못 가. 밥이나 마저 먹어."

나는 내 그릇에 담긴 밥까지 몽땅 호세 그릇에 쏟아 붓고 또 한 그릇을 퍼다 주었다.

이곳 남자들은 아내를 넷까지 가질 수 있었다. 나는 호세의 월급봉투를 네 개로 나눌 생각은 추호도 없었다.

미나는 여태 창밖에 서 있었다. 호세가 또 창밖을 힐끔 보았다.

"또 힐끔거렸단 봐라. 그냥 신기루라고 생각해."

나는 사납게 말했다.

그 아리따운 '신기루'는 마침내 결혼을 했다. 나는 몹시 기뻐하며 미나에게 옷감을 한 아름 선물했다.

우리가 평소에 쓰는 물은 모두 시청에서 관리했는데 하루에 커다란 통 하나만큼만 주어졌다. 목욕을 하면 빨래를 못 하고 빨래를 하면 설거지와 청소를 할 수가 없었다. 그래서 옥상에 있는 물통에 물이 얼마나 있는지 잘 계산해서 집안일을 해야 했다. 게다가 시청에서 받아 오는 물은 모두 짠물이라 식수는 상점에서 파는 담수를 사다 먹어야 했다. 물, 사막에서는 정말 귀하디귀한 것이었다.

지난주 일요일, 우리는 사막에서 야영하며 수백 킬로미터를 여행하고 서둘러 집으로 돌아왔다. 시내에서 열리는 낙타 경주에 참가할 계획이었다.

모래 태풍이 휘몰아치는 날씨라 집에 도착했을 때는 온몸이 모래로 뒤덮여 꼴사납기 그지없었다. 나는 집에 도착하자마자 욕실로 뛰어들어 물을 끼얹었다. 좀 깨끗한 모습으로 낙타 경주에 참가하고 싶었다. 사막 주재 스페인 방송 기자가 나를 찍어 다큐멘터리에 내보낸다고 했기 때문이다. 온몸에 비누칠을 했는데 갑자기 물이 뚝 끊겼다. 나는 급히 호세를 불러 옥상 물통을 보고 오라고 했다.

"텅 비었는데. 물이 하나도 없어."

"말도 안 돼! 이틀이나 집을 비워서 한 방울도 안 썼잖아!"

나는 너무 놀라 큰 수건을 몸에 휘감고 맨발로 옥상으로 뛰어 올라갔다. 마치 악몽처럼 물통은 텅 비어 있었다. 고개를 돌려 이웃집 옥상을 보니 밀가루 포대 수십 개가 널려 있었다. 우리 물이 저기에 다 쓰인 것이다!

할 수 없이 수건으로 비눗물을 닦아내고 낙타 경주에 가야만 했다.

그날 오후, 노는 데 일가견이 있는 스페인 친구들은 모두 낙타에 올라타고 바람처럼 질주했다. 정말 장관이었다. 그러나 나는 땡볕 아래서 그 모습을 멀뚱멀뚱 지켜봐야만 했다.

이 낙타 탄 기사들은 내 곁을 지나칠 때마다 나를 놀려댔다.

"겁쟁이래요, 겁쟁이래요!"

그래도 이런 말은 차마 할 수가 없었다. 땀이 나면 온몸이 가렵고 비누 거품이 보글보글 올라올까 봐 낙타를 탈 수가 없다고…….

이웃 가운데 내가 가장 좋아하는 사람은 집주인의 큰딸 쿠카였다. 쿠카는 온순하고 총명하고 생각도 깊은 소녀였지만 한 가지 문제가 있었다. 생각하는 방식이 나하고는 너무 크게 달라서 나는 쿠카가 내린 판단에 기함할 때가 왕왕 있었다.

어느 날 저녁, 호세와 나는 시내 호텔에서 열리는 칵테일파티에 가게 되었다. 나는 오랫동안 입지 않은 검은 이브닝드레스를 다려 놓고 평소에는 하지 않는 꽤 비싼 장신구도 꺼냈다.

"파티가 몇 시지?"

호세가 물었다.

"여덟 시."

시계를 보니 15분밖에 남지 않았다.

옷을 입고 귀걸이를 달고 나서 신발을 신으려는데 평소 늘 신발장 속에 놓여 있던 하이힐이 보이지 않았다. 호세에게 물었지만 건드리지 않았다고 했다.

"아무거나 신고 가지?"

호세는 기다리는 걸 가장 싫어했다. 나는 신발장을 다시 살펴보았다. 운동화, 나막신, 샌들, 헝겊신, 장화는 그대로 있었지만 내가 입은 검은 드레스에는 다 어울리지 않았다. 조급하게 다시 신발장을 뒤지는데 웬 괴상한 물건이 눈에 띄었다.

"이게 뭐야? 왜 여기 있지?"

신발장 안에는 더럽기 짝이 없는 시커멓고 뾰족한 사막 신발 한 켤레가 얌전히 놓여 있었다. 바보 쿠카의 신발이었다.

쿠카 신발이 여기 있다면, 내 신발은?

나는 쿠카네 집으로 부랴부랴 달려가 쿠카를 붙들고 사납게 다그쳤다.

"내 신발, 내 신발 내놔! 왜 내 신발을 막 가져가니?"

나는 화가 머리끝까지 치솟아 버럭 소리를 질렀다.

"빨리 내놔, 이 맹추야!"

쿠카는 꼼지락꼼지락 신발을 찾기 시작했다. 부엌, 깔개 밑, 염소 우리, 문 뒤쪽까지 샅샅이 뒤졌지만 내 하이힐은 보이지 않았다.

"동생이 신고 놀러 갔나 봐요. 없는데요."

쿠카가 침착하게 말했다.

"내일 다시 와서 혼내 주마."

나는 이를 악물고 집으로 돌아왔다.

칵테일파티에는 할 수 없이 하얀 면 원피스에 샌들을 신고 갔다. 번쩍번쩍 화려하게 치장한 부인네들 틈에 낀 나는 정말 그 자리에 어울리지 않았다. 심보 고약한 호세의 동료 하나가 일부러 나를 칭찬했다.

"아주 멋진데요. 오늘 저녁은 꼭 양 치는 소녀 같네요. 아이고, 지팡이 하나가 모자라군."

다음 날 아침, 쿠카가 내 하이힐을 돌려주러 왔다. 이미 신발 꼴은 말이 아니었다.

나는 눈을 부릅뜨고 신발을 홱 낚아챘다.

"흥, 지금 화내는 거예요? 나는 뭐 화낼 줄 모르는 줄 알아요?"

쿠카는 얼굴을 붉히며 성질을 내더니 이어서 말했다.

"빌려 갔던 신발은 이미 돌려줬고 내 신발은 아직 여기 있는데, 화를 내도 내가 더 내야죠!"

나는 쿠카의 황당무계한 해석에 폭소를 터뜨렸다.

"쿠카, 너 정신병원에 가봐야겠다."

나는 쿠카의 관자놀이를 가리켰다.

"무슨 병원이요?"

쿠카는 내 말을 알아듣지 못하고 되물었다.

"관두자. 쿠카 너한테 먼저 물어볼 테니 너도 이웃 여자들한테 가서 물어봐. 우리 집 물건 가운데 칫솔하고 남편 빼고 너희가 빌려 가지 않은 게 뭐가 있니?"

그러자 쿠카는 꿈에서 깨어난 듯 대뜸 물었다.

"칫솔이 어떻게 생겼는데요?"

그 말에 울컥해서 나는 소리를 빽 질렀다.

"야! 나가, 당장 나가!"

쿠카가 주춤주춤 물러서면서 말했나.

"나는 그냥 칫솔이 어떻게 생겼나 보고 싶었던 것뿐인데…… 그리고 난 당신 남편은 필요 없다고요, 진짜로……."

나는 문을 쾅 닫았다. 거리에서 쿠카가 이웃 여자들에게 고래고래 외치는 소리가 들려왔다.

"보세요, 보세요! 싼마오가 내 자존심을 건드렸어요!"

이런 이웃들에게 감사한다. 내 사막 생활은 이들 덕분에 오색찬란해졌다. 외로움을 맛볼 틈조차 없었다.

풋내기 어부

※

 일요일이었다. 호세는 특근 때문에 하루 종일 집에 없었다.

 나는 무료한 시간을 때우느라 올 3월부터 지금까지 호세가 번 돈을 상세히 계산해 깨끗한 백지 위에 적어 놓고 호세가 퇴근하기를 기다렸다.

 저녁때가 되어 호세가 돌아오자 나는 그 종이를 내밀며 말했다.

 "이것 좀 봐, 반년 동안 이렇게 돈을 많이 벌었어."

 호세는 내가 잘 정리해 놓은 장부를 보고는 몹시 기뻐했다.

 "이렇게 많이 벌었을 줄이야! 사막에서 고생한 보람이 있긴 있구나!"

 그러고는 신나는 목소리로 제안했다.

"우리 오늘 저녁 외식하자. 이렇게 돈이 많은데!"

호텔에서 저녁을 얻어먹겠군! 나는 잽싸게 옷을 갈아입고 호세를 따라나섰다. 이런 횡재는 매우 드물었다.

"최고급 포도주와 생선 수프, 저는 스테이크, 아내는 새우로 할게요. 4인분 주시고 후식으로는 아이스크림과 케이크 4인분 부탁해요!"

호세가 웨이터에게 주문했다.

"하루 종일 아무것도 안 먹고 있었는데 배 터지게 먹겠다."

나는 호세에게 속삭였다.

호텔은 스페인 정부에서 운영하는 곳이었다. 아라비아 황실처럼 꾸며진 식당은 이국적 분위기가 물씬 풍겼다. 은은한 조명에 식사하는 사람도 그리 많지 않았다. 실내 공기는 상쾌하고 먼지도 날리지 않았다. 나이프와 포크는 하얀 눈처럼 반짝반짝하고 식탁보도 구김살 하나 없이 빳빳했다. 음악은 시냇물처럼 들릴 듯 말 듯 흘러나왔다. 여기 와서 앉아 있으면 사막에 있다는 사실을 잊게 되었다. 예전의 호시절로 되돌아간 기분이었다.

곧 음식이 나왔다. 아름답고 커다란 은접시 위에 싱싱한 푸른 채소와 큼직한 새우튀김이 더할 나위 없이 맛깔스럽게 놓여 있고 술잔에는 진홍색 포도주가 찰랑였다.

풋내기 어부

"이야! 행운의 파랑새가 왔구나!"

나는 푸짐한 음식을 보고 감격의 탄성을 질렀다.

"그렇게 좋아? 이제 자주자주 오자고!"

이날 저녁 호세는 조직의 보스처럼 매우 호탕했다.

오랜 사막 생활에서 얻은 좋은 점이 있다면 현실 생활에서 아무리 작은 만족감만 생겨도 마음속에서는 무한한 만족감으로 승화된다는 것이다. 다시 말해 머리보다 위장을 더 중시하게 되었다고 할까.

저녁 식사를 마친 뒤 파란 지폐 두 장을 내놓고 우리는 즐거운 마음으로 집으로 걸어왔다. 그날 저녁 나는 무지무지 행복한 사람이었다.

다음 날은 당연히 집에서 저녁밥을 먹었다. 식탁 위에 놓인 것은 둥그런 감자떡 하나, 빵 한 덩이, 물 한 병뿐이었다.

"내가 나눌게. 감자떡 3분의 2는 당신이 먹고, 3분의 1은 내가 먹고."

나는 감자떡을 나누고 빵은 몽땅 호세 접시에 푸짐하게 담아 주었다.

"진짜 맛있어. 양파도 넣었거든. 먹자!"

호세는 마파람에 게 눈 감추듯 음식을 다 먹어치우더니 벌떡 일어나 부엌으로 갔다.

"이제 없어. 오늘은 이게 다야."

나는 다급히 호세를 불러 세웠다.

"어떻게 된 거야?"

호세는 어리둥절한 얼굴로 나를 돌아보았다.

"자!"

나는 종이 한 장을 호세에게 건넸다.

"이게 우리가 반년 동안 쓴 돈이야. 어제 계산한 건 번 돈이었고 오늘은 쓴 걸 계산했어."

나는 호세의 어깨에 달라붙어 설명해 주었다.

"이렇게 많이, 이렇게 많이 썼다고? 다 써버렸잖아!"

호세가 울부짖었다.

"응."

나는 고개를 끄덕였다.

"봐. 정확히 적어 놨잖아."

호세는 내가 쓴 가계부를 들고 소리 내어 읽기 시작했다.

"토마토 한 근 60페세타, 수박 한 개 220페세타, 돼지고기 반 근 300페세타…… 이렇게 비싼 것들을 사 먹었단 말이야? 좀 더 아낄 수도 있었잖아!"

호세는 투덜거리면서 계속 읽어 나갔다.

"자동차 수리비 1만5천 페세타, 반년치 기름값 2만4천 페세타……!"

목소리가 점점 높아지더니 호세는 끝내 벌떡 일어나고 말았다.

"흥분하지 마! 반년 동안 1만6천 킬로미터나 달렸는데, 계산해 봐. 그만큼 기름이 안 들었겠어?"

"그래서 그동안 번 돈을 몽땅 다 썼단 말이지. 헛수고했군, 헛수고했어!

호세는 매우 괴로워했다. 꼭 비극 배우 같은 표정이었다.

"사실 낭비한 건 아냐. 반년 동안 옷 사는 데는 한 푼도 안 썼잖아. 다 친구들하고 밥 먹고 사진 찍고 장거리 여행하는 데 쓴 거지."

"좋아. 오늘부터 어디 총각 녀석들 불러다 먹이나 봐라. 사진도 흑백으로만 찍고 여행도 이제 끝이야. 사실 이놈의 사막은 얼마나 돌아다녔는지 셀 수도 없잖아."

호세는 단단히 결심한 듯 이렇게 선포했다.

이 가련한 소도시에는 낡고 지저분한 영화관 하나뿐이고 거리에도 시끌벅적한 분위기라고는 조금도 없었다. 신문과 잡지도 거의 다 오래된 것이었다. 텔레비전 방송은 평균 한 달에 두세 번쯤 나오는데 화면 속 사람들이 꼭 귀신 그림자 같아서 혼자 있을 때는 무서워서 보지도 못했다. 전기와 물은 밥

먹듯 끊기고 산책이라도 할라치면 하루 종일 미친 듯이 불어 대는 모래바람을 무릅써야 했다.

이런 나날을 사하라위 사람들은 유유자적 헤쳐 나갔지만 유럽인들은 툭하면 술주정이었다. 부부싸움도 잦았고 독신은 자살하는 일도 빈번했다. 모두 사막의 핍박을 견디지 못해 일어나는 비극이었다. 우리는 '생활 속의 예술'을 이해하려 애썼기 때문에 힘겨운 나날을 그럭저럭 버텨 나갈 수 있었다.

나는 호세가 선포하는 근검절약 계획을 가만히 듣고 나서 경고했다.

"그렇게 죽어라 아끼다가, 석 달쯤 지나면 미치거나 자살하지 싶은데?"

호세가 쓴웃음을 지었다.

"그건 그래. 휴가 때도 안 돌아다니면 답답해 미칠 거야."

"좋은 생각이 났다. 이제부터 알제리의 내륙 도로로 다니지 말고 해변으로 가는 거야! 그동안 왜 천 킬로미터나 되는 해안선을 이용하지 않았을까?"

"해변으로 갔다가 사막을 가로질러 돌아와도 기름값은 똑같이 많이 들걸."

"물고기를 잡으면 되잖아! 물고기를 잡아서 소금에 절이면 반찬값을 아낄 수 있으니까 기름값도 보충이 되지!"

풋내기 어부

나는 늘 의욕이 넘쳤다. 내 말이 허튼소리 취급당해도 결코 기가 꺾이지 않았다.

그 다음 주말, 우리는 텐트를 차에 싣고 떠났다. 100여 킬로미터나 되는 바위 해안을 탐험하고 밤에는 절벽 위에서 야영을 했다.

모래가 없는 바위 해안에는 좋은 점이 많았다. 밧줄을 매고 절벽 밑으로 손쉽게 내려갈 수 있고 바닷물이 빠져나가면 바위에 붙은 전복, 돌 틈에 숨은 게, 웅덩이 속 문어 등이 모습을 드러냈다. 뱀처럼 생긴 얼룩장어와 둥근 쟁반 같은 가자미도 있었다. 또 검은 섭조개 수천수만 마리가 돌 위에 꼿꼿이 서 있었다. 통통한 다시마는 말려서 국 끓일 때 쓸 수 있었다. 바다 위를 떠다니는 나뭇가지들은 현대 조소 작품 같았고 무늬가 있는 작은 돌멩이들을 주워다 판지에 붙이면 또 멋진 그림이 될 듯싶었다. 이 해변은 지금껏 아무도 다녀간 사람이 없는지 여전히 원시적이고 풍요로웠다.

"여기는 솔로몬 왕의 보물 창고야. 우린 부자다!"

잔뜩 흥분한 나는 반들반들한 돌 위를 뛰어다니며 소리 높여 외쳤다.

"이 일대의 돌무더기를 하사할 테니 얼른 이것저것 거둬들여. 물이 빠졌을 때."

호세는 나에게 물통과 장갑과 칼을 던져 주고, 자기는 잠수복으로 갈아입고 물속으로 뛰어들어 큰 물고기를 잡기 시작했다.

　한 시간도 안 되어 물통 안은 내가 캐낸 섭조개와 전복으로 가득 찼다. 작은 세숫대야만 한 붉은 게도 열여섯 마리나 잡았다. 물통 안에 다 넣을 수가 없어 돌멩이를 쌓아 감옥을 만들어 그 안에 잠시 가둬 두었다. 다시마도 듬뿍 뜯었다.

　바닷가로 올라온 호세의 허리춤에는 커다란 담홍색 물고기 10여 마리가 매달려 있었다.

　"이것 봐, 너무 많아서 다 가져가지도 못하겠다."

　비로소 나는 욕심쟁이의 기분을 알 수 있었다.

　호세는 내가 잡은 큰 게를 보더니 재빨리 작은 진회색 게 20여 마리를 잡아 왔다.

　"얘네들이 큰 게보다 더 맛있어."

　바닷물이 천천히 차오르고 있었다. 우리는 안쪽으로 물러나 생선 비늘을 벗겨내고 내장을 깨끗이 손질한 다음 자루에 가득 담았다. 나는 긴 바지를 벗어 양쪽 끝을 묶고 그 안에 게를 담았다. 그 다음 포획물과 물통을 밧줄로 잘 묶고 절벽 위로 기어 올라갔다. 첫 번째 출항에서 그야말로 만선의 기쁨을 누릴 수 있었다.

풋내기 어부

나는 차를 모는 호세를 재촉했다.

"빨리 가자, 빨리. 혼자 사는 친구들 불러다 저녁 먹자."

"생선은 절여 두고 먹을 거 아냐?"

"처음이니까 손님을 초대해 한턱내자. 그 사람들 평소에 잘 못 먹잖아."

호세는 무척 즐거워했다. 우리는 집에 가는 길에 맥주 한 상자와 포도주 여섯 병을 사서 손님을 초대했다.

그 뒤 몇 주 동안 친구들도 우리와 함께 물고기를 잡으러 다녔다. 우리는 신이 나서 소고기 열 근에 양배추 다섯 통을 사고, 케이크를 왕창 만들고, 작은 아이스박스와 화로 하나씩, 큰 물통 다섯 개, 장갑 여섯 켤레, 콜라와 우유를 한 상자씩 샀다.

해안선을 따라 자동차 여러 대가 위풍당당 질주했다. 밤에는 야영을 하며 고기를 구워 먹고 이런저런 이야기를 끝도 없이 나눴다. 이렇게 노는데 어찌 즐겁지 않을 수가! 돈을 모으겠다던 다짐은 알게 모르게 사라져 버렸다.

우리 집에는 돈을 맡아서 관리하는 사람이 따로 없었다. 그저 중국식 저고리의 주머니에 넣어 두고 필요할 때 마음대로 꺼내 썼다. 그 다음 기억이 난다면 손에 잡히는 쪽지에 사용 내역을 적어 커다란 사탕 병 안에 던져 넣으면 그만이었다.

바닷가에 숱하게 다녀오고 나니 주머니는 텅 비고 사탕 병은 쪽지로 가득 찼다.

"벌써 다 쓴 거야? 너무 순식간이다!"

나는 저고리를 끌어안은 채 혼자 중얼거렸다.

"처음 바닷가에 갈 땐 물고기를 잡아 반찬값을 아끼려던 게 아니었어? 그런데 되레 이렇게 돈이 다 새나가다니!"

호세는 이해할 수 없다는 듯 고개를 절레절레 흔들었다.

"우정은 돈으로 따질 수 없는 재산이잖아."

나는 이렇게 위로할 수밖에 없었다.

"다음 주에는 아예 고기를 잡아다 팔 거야!"

호세는 또다시 굳은 결심을 했다.

"맞아, 물고기를 팔 수도 있지! 당신 정말 똑똑하다. 나는 생각지도 못했는데!"

나는 펄쩍 뛰면서 호세의 머리를 탁 쳤다.

"노느라고 다 쓴 돈만 다시 벌면 돼."

호세는 욕심쟁이가 아니었다.

"좋아, 생선을 팔자. 다음 주에는 생선 장사를 하자고!"

나는 큰돈을 벌겠다는 야심을 품었다.

토요일 새벽 4시 30분. 우리는 어둠을 헤치며 차에 올랐다. 추워서 이를 딱딱 부딪치며 차를 몰았다. 길은 이미 익숙했다. 재간이 있으면 두려울 게 없는 법! 우리는 칠흑 같은 사막 속을 힘차게 달렸다.

아침 해가 막 떠오를 때 절벽 위에 이르렀다. 8시가 좀 넘어 있었다.

차에서 내렸다. 뒤로는 고요하고 신비로운 사막이 끝없이 펼쳐져 있고, 눈앞에는 사납고 거친 파도가 밀려들고 바위들이 어지러이 흩어져 있었다. 푸르디푸른 하늘에는 구름 한 점 없고 바닷새들만이 떼 지어 자유로이 날아다녔다. 적막함 속에 가끔씩 새들이 끼룩끼룩 우는 소리가 들려왔다.

나는 옷깃을 세우고 두 팔로 몸을 감싼 채 고개를 들어 바람을 들이마셨다. 그리고 이 자세를 유지하며 가만히 서 있었다.

"무슨 생각해?"

호세가 물었다.

"당신은?"

"『갈매기의 꿈』에 나오는 경계에 대한 생각을 하고 있어."

맑고 순수한 호세. 이 순간, 이런 풍경에 꼭 들어맞는 생각이었다.

"당신은?"

호세가 다시 물었다.

"나는 잘생긴 절름발이 장교를 미친 듯이 사랑하고 있어. 지금 그와 함께 고원을 걷고 있지. 주위에는 아름다운 석남화가

만발해 있고 불어오는 바람에 내 머리카락이 어지러이 흩날리고 있어. 그는 이런 나를 열정적으로 바라보고. 아! 낭만과 고통의 나날들이여!"

나는 비탄에 젖어들었다. 말을 마치자 눈을 감고 양팔로 스스로를 껴안은 채 만족스러운 한숨을 토해냈다.

"오늘은 『라이언의 딸』*의 주인공이구나?"

호세가 말했다.

"맞았어! 자, 이제 일을 시작하자고."

나는 손뼉을 한번 치고, 줄을 잡아당겨 절벽 아래로 내려갈 준비를 했다. 이런 미치광이 같은 상상을 하고 나면 일을 할 때 더욱 힘이 솟았다. 이것은 내가 무미건조한 생활을 조율하는 방법이었다.

"싼마오, 오늘은 꽤나 열심인데. 잘 도와줘야 돼."

호세가 정색하고 말했다.

우리는 자갈밭으로 내려왔다. 바닷물 속에서 호세가 물고기를 한 마리씩 잡아 얕은 곳에 던지면 내가 잽싸게 달려가 주워 올렸다. 그러고는 바위에 꿇어앉아 칼로 비늘을 벗겨내고 내장을 손질해서 비닐봉지에 담았다.

---

* 데이비드 린 감독, 로버트 미첨과 사라 마일스 주연의 1970년대 영국 영화. 아일랜드의 거칠고 광대한 절벽 해안 풍경이 압권이다.

아주 큰 물고기 두세 마리의 비늘을 벗기고 나니 손을 베여 피가 흘렀다. 바닷물에 손을 담그니 엄청나게 쓰라렸다.

호세는 떠올랐다 가라앉았다 하면서 부지런히 물고기를 던져 주었고 나도 죽어라고 일했다. 깨끗이 손질한 생선이 비닐봉지에 차곡차곡 쌓여 갔다.

"돈 버는 게 정말 쉬운 일이 아니구나!"

나는 고개를 흔들며 중얼거렸다. 무르팍이 벌겋게 부어오르기 시작했다.

호세는 한참이 지나서야 바닷가로 올라왔다. 나는 얼른 우유를 가져다주었다. 호세는 눈을 감고 바위 위에 길게 뻗었다. 얼굴빛이 창백했다.

"몇 마리야?"

호세가 물었다.

"서른 마리가 넘어. 엄청 크고. 육칠십 킬로그램은 되겠는데."

"더는 못 잡아. 피곤해 죽겠다."

나는 호세에게 우유를 먹여 주며 말했다.

"우리 같은 사람을 '소인素人* 어부'라고 불러야 돼."

---

* 素人에는 '비전문적이고 비직업적인 아마추어 또는 익숙하지 않은 풋내기'와 '채식주의자'라는 두 가지 뜻이 있다.

"물고기가 무슨 채식이야."

"육식, 채식 그 말이 아니야. 옛날 프랑스 파리에 평일에는 출근해 일하고 일요일에는 그림을 그리는 사람들이 있었는데 스스로를 소인 화가*라고들 했대. 우리도 주말에 고기를 잡으니까 소인 어부지, 안 그래?"

"하여튼 잔머리는. 고기를 잡으면서도 신조어를 만들어내!"

호세는 그리 재미있어 하지 않았다.

충분히 쉬고 나서 우리는 작은 산처럼 쌓인 물고기를 세 번에 걸쳐 절벽 위로 올렸다. 이어 차 트렁크에 싣고 아이스박스에 있던 얼음을 덮었다.

뜨거운 태양이 작열하는 사막을 바라보니 200킬로미터를 운전해서 갈 일이 까마득했다. 이상하게도 이번에는 지난번 놀러 왔을 때처럼 신나지도 않았고 피곤해서 죽을 것만 같았다.

드디어 시내에 도착했다. 나는 호세에게 나지막이 간청했다.

"부탁인데 좀 자고 나서 팔자. 제발! 너무너무 피곤해!"

"안 돼, 생선이 상한단 말이야. 그럼 당신은 가서 쉬어. 나는 팔고 갈게."

"팔려면 같이 팔아야지. 조금만 참지 뭐."

---

* 앙리 루소, 앙드레 보샹 등이 대표적으로, 대부분 전문적인 미술 교육을 받지 않고 독학으로 소박하고 순진무구한 그림을 그렸다. '소박파' '일요 화가' 등으로 불린다.

풋내기 어부

나는 할 수 없이 이렇게 말했다.

호텔의 성벽과도 같은 담장을 돌아가는데 번뜩 떠오르는 생각이 있었다.

"멈춰!"

호세가 급히 브레이크를 밟았다. 나는 맨발로 뛰어내려 고개를 쑥 내밀고 문 안을 엿보았다.

"여기, 여기요. 이보세요……."

나는 프런트의 안토니오를 조그맣게 불렀다.

"어, 싼마오!"

안토니오가 큰 소리로 인사했다.

"쉿, 소리치지 마세요. 뒷문이 어디에요?"

나는 소리를 죽여 물었다.

"뒷문이요? 왜 뒷문으로 들어오려는 거예요?"

이유를 설명하려는데 호텔 지배인이 이리로 걸어오는 모습이 보였다. 나는 깜짝 놀라 기둥 뒤에 숨었다. 지배인이 고개를 쑥 뽑아 이쪽을 보자 나는 연기처럼 횡하니 달아나서 차에 올라탔다.

"안 되겠어! 난 못 팔겠어. 너무 민망해."

나는 손으로 얼굴을 가리며 말했다.

"내가 가볼게."

호세가 차 문을 박차고 성큼성큼 걸어갔다. 호세, 용감한데!

"안녕하세요, 지배인님."

호세는 손을 내밀며 지배인에게 인사를 건넸다. 지배인이 우리에게 다가오자 나는 호세의 등 뒤에 숨었다.

"신선한 생선이 있는데요, 사시겠어요?"

호세의 말투는 비굴하지도 거만하지도 않았고 얼굴도 빨개지지 않았다. 하지만 나는 호세가 간신히 태연한 척하고 있다는 걸 알 수 있었다.

"네? 생선을 팔게요?"

지배인은 우리의 찢어진 바지를 보며 무척 거북한 표정으로 물었다. 우리에게 모욕을 당했다고 여기는 기색이었다.

"생선을 팔려면 옆문으로 들어가서 주방장과 얘기해 봐요."

지배인은 손가락으로 옆문을 가리키며 거만하게 말했다.

나는 한순간에 움츠러들어 호세를 있는 힘껏 잡아끌었다.

"봐, 우리를 무시하잖아. 딴 데 가서 팔자. 나중에 파티 같은 데서 만나기라도 하면······."

"저런 머저리 겁낼 것 없어. 가자, 주방으로!"

주방에 있는 사람들은 무슨 구경거리라도 난 듯 우리를 빙 둘러쌌다.

"1킬로그램에 얼마예요?"

풋내기 어부

호세와 나는 서로 멀뚱멀뚱 쳐다볼 뿐 입을 열지 못했다.

"음, 1킬로에 50페세타요."

호세가 가격을 불렀다.

"네, 네. 50페세타요."

나는 재빨리 맞장구를 쳤다.

"좋아요, 열 마리 주세요. 우리가 무게를 달아 볼게요."

주방장은 매우 친절했다.

우리는 몹시 기뻐하며 바람처럼 달려 나가 차 트렁크에서 물고기 열 마리를 꺼내다 주었다.

"영수증이에요. 보름 뒤에 이걸 갖고 와서 돈을 받아 가세요."

"지금 현금을 주는 게 아니에요?"

"공공 기관이잖아요. 양해해 주세요!"

생선을 산 주방장은 우리와 악수를 나눴다.

우리는 처음으로 물고기를 팔아서 번 1천여 페세타의 영수증을 들여다보고 또 들여다보았다. 그 다음 아주 조심스럽게 내 바지 주머니에 집어넣었다.

"좋아, 이제 '언니네' 술집으로 가자."

그 술집은 사하라에서 명성이 자자한 곳이었다. 낮에는 노동자들에게 밥을 팔고 밤에는 술을 팔았다. 2층 방은 빌려주기도 했다. 바깥은 붉은 복숭아색으로 칠해져 있고 안에서는 초록색 조명 아래 하루 종일 유행가를 틀어 놓고 화려하게 치장한 여인들이 장사를 하고 있었다.

스페인에서 도로 공사를 하러 온 사람들은 임금을 받으면 곧바로 '언니네'로 달려가 술을 진탕 퍼마시며 돈을 없애 버렸다. 한 달 내내 힘들여 번 돈의 태반이 언니들의 주머니 속으로 들어갔다.

술집 문 앞에 이르자 나는 호세에게 말했다.

"당신 혼자 들어가. 나는 밖에서 기다릴게."

안으로 들어간 호세는 20분이 지났는데도 나타나지 않았다.

기다리다 못해 생선 한 마리를 집어 들고 들어가 봤더니, 때마침 계산대 앞에서 한 섹시한 '언니'가 호세의 뺨을 어루만지고 있었다. 호세는 얼간이 수탉처럼 멍청하게 서 있었다.

나는 성큼성큼 다가가 험악한 표정으로 버럭 소리를 질렀다.

"사겠다는 거야, 말겠다는 거야? 1킬로에 500페세타!"

그러면서 손에 들고 있던 죽은 물고기를 바 위에 내동댕이쳤다. 탕! 소리가 술집 안에 울려 퍼졌다.

"왜 이렇게 값이 제멋대로야? 당신 남편은 방금 50페세타라더구만."

나는 그녀를 향해 눈을 부릅떴다. 속으로는 '또 호세 얼굴을 만졌다간 5천 페세타야' 하고 생각하고 있었다.

호세는 황급히 나를 떠밀며 술집에서 나오더니 소리를 낮춰 말했다.

"왜 갑자기 들어와 트집이야? 몽땅 팔아넘기려는 참인데."

"관둬! 당신 지금 생선을 파는 거야, 뭘 파는 거야? 왜 저 여자한테 얼굴을 들이대?"

나는 두 주먹으로 호세를 두들겨 패기 시작했다. 호세는 지은 죄를 알고 머리를 감싼 채 잔뜩 얻어맞았다.

실컷 성질을 부리고, 나는 다시 술집으로 돌진해 바에 패대기쳤던 큰 생선을 집어 들고 나왔다.

하늘에는 뜨거운 태양이 걸려 있었다. 우리는 덥고 배고프고 목마르고 피곤해 서로에게 짜증을 부리기 시작했다. 정말이지 생선 따위 몽땅 버리고 싶었지만 차마 말을 꺼낼 수가 없었다.

"사막 군단의 취사병 파커 기억나?"

내가 말했다.

"응. 군대에 팔려고?"

"그래!"

호세는 아무 말 없이 사막 군단 막사로 차를 몰았다. 막사에 닿기도 전에 마침 길을 걸어가고 있는 파커를 만났다.

"파커!"

나는 큰 소리로 불렀다.

"신선한 생선 사실래요?"

나는 가슴에 희망을 가득 품고 물었다.

"생선이요? 어디 있는데요?"

"차 트렁크에요. 스무 마리쯤 돼요."

파커는 눈을 휘둥그렇게 뜨고 머리를 절레절레 흔들었다.

"싼마오, 3천 명의 군인한테 스무 마리로 뭘 해 먹여요?"

파커는 한마디로 거절했다.

"그건 모르죠. 일단 가져가서 요리를 해보세요! 예수님은 빵 다섯 개와 물고기 두 마리로 5천 명을 먹이셨잖아요?"

나는 억지를 부렸다.

"어디서 팔면 좋은지 가르쳐 드릴게요. 우체국 문 앞으로 가세요. 거기가 사람이 제일 많아요."

파커는 우리가 잘못 든 길을 바로잡아 주었다. 우리가 물고기를 팔려는 대상은 당연히 유럽인이었다. 사하라위족은 물고기를 먹지 않기 때문이다.

우리는 문방구에 가서 작은 칠판과 분필 몇 자루를 사고 단

골 잡화점에 가서 저울 하나를 빌렸다. 칠판에 펄떡이는 붉은 물고기 한 마리를 그려 놓고 "신선한 생선 팝니다. 1킬로그램에 50페세타"라고 적었다.

우체국 앞에 차를 세웠을 때는 벌써 오후 5시였다. 비행기가 실어 온 편지와 소포가 잔뜩 쌓여 있고 우편함을 열어 보는 사람들로 몹시 북적였다.

우리는 칠판을 차 앞에 세워 놓고 트렁크를 열었다. 이 몇 가지 동작을 하면서도 얼굴이 새빨갛게 달아올랐다. 우리는 맞은편 길가로 뛰어갔다. 지나다니는 사람들을 볼 수가 없어 고개를 푹 숙인 채 앉아 있었다.

사람들은 계속 지나갔지만 생선을 사려고 걸음을 멈추는 이는 아무도 없었다.

그리고 얼마 동안 앉아 있는데 호세가 말을 꺼냈다.

"싼마오, 아까 우리가 소인 어부라고 하지 않았어? 소인이면 물건을 팔아서 생계를 유지할 필요까진 없잖아!"

"돌아갈까?"

사실 나도 기운이 나지 않았다.

그때 마침 지나가던 호세의 동료가 우리를 보고 다가오며 인사를 건넸다.

"어이! 바람 쐬러 나왔어?"

"아니."

호세가 엉거주춤 일어났다.

"생선 팔고 있어요."

나는 건너편에 서 있는 우리 차를 가리켰다.

호세의 동료는 노총각으로 시원시원한 호남이었다. 그는 길을 건너가 칠판을 보고 트렁크를 들여다보고 상황을 파악하더니 곧장 돌아와 우리를 길 건너로 끌고 갔다.

"생선을 팔려면 판다고 소리를 쳐야지! 그렇게 부끄러워하면 쓰나요. 자, 자, 내가 도와줄게요."

그는 잡히는 대로 생선 한 마리를 집어 들더니 목청껏 소리쳤다.

"신선하고 맛좋은 생선 사려! 1킬로에 75페세타. 생선 사려!"

그는 자기 마음대로 값을 올려 불렀다.

이 소리에 사람들이 순식간에 우리를 에워쌌다. 호세와 내가 이 뜻밖의 도움에 기뻐하고 있는 틈에 생선 스무 마리가 금세 동났다.

바닥에 앉아 계산을 해보니 3천여 페세타를 벌었다. 우리는 노총각 동료를 찾아 두리번거렸다. 그는 이미 미소를 지으며 멀어지고 있었다.

풋내기 어부

"호세, 저 친구에게 잊지 말고 사례하자!"

집으로 돌아온 우리는 기진맥진해 쓰러졌다. 나는 목욕을 하고 나서 목욕 가운 차림으로 부엌에 가서 물 한 냄비를 끓이고 국수를 집어넣었다.

"저걸 먹자고?"

호세가 부루퉁해서 물었다.

"대충 먹자. 피곤해서 죽을 것 같아."

나는 사실 입맛이 하나도 없었다.

"새벽부터 지금까지 죽어라 고생했는데 겨우 국수야? 안 먹어!"

호세는 화를 내며 옷을 걸치고 밖으로 나가 버렸다.

"어디 가?"

나도 화가 나서 소리를 질렀다.

"밖에 나가서 먹을 거야!"

저 인간의 시멘트 머리통이 아주 꽝꽝 굳어 버렸군.

할 수 없이 옷을 갈아입고 호세를 쫓아갔다. 밖에서 먹는다면 단 한 군데밖에 없었다. 호텔 레스토랑.

식당에서 나는 조그맣게 잔소리를 했다.

"이 못 말리는 밥통아, 제일 싼 거 먹어. 알아들었냐?"

그때 호세의 상사가 손뼉을 치며 다가와 소리쳤다.

"잘됐군, 잘됐어. 마침 같이 식사할 사람을 찾고 있었는데. 셋이 함께 식사합시다."

그러면서 자기 마음대로 합석했다.

"오늘 주방에 신선한 생선이 들어왔다던데. 어때요, 우리 생선 좀 먹어 볼까요? 사막에서는 싱싱한 생선을 구경하기 힘들잖아요."

그는 또 혼자 멋대로 메뉴를 정했다. 그러는 게 습관이 된 사람이라 다른 사람 얼굴빛을 살피는 걸 잊은 모양이었다. 그는 우리 의견은 묻지도 않고 웨이터에게 주문을 했다.

"신선한 샐러드, 생선 요리 3인분, 술은 지금 가져다주시고 후식은 나중에요."

레스토랑 책임자는 바로 낮에 주방에서 우리에게 생선을 샀던 그 사람이었다. 그는 무심코 우리 자리로 왔다가 호세와 내가 낮에 팔았던 생선을 열두 배가 넘는 가격으로 다시 사 먹는 것을 보고는 놀라서 입을 쩍 벌렸다. 우리를 미치광이로 보는 듯했다.

식사를 마치고 계산을 할 때 호세와 상사는 계산서를 갖고 실랑이를 벌였고, 호세가 이겼다. 호세는 낮에 우체국 앞에서 생선 팔고 번 돈을 몽땅 내고 동전 몇 푼을 거슬러 받았다. 그제야 우리는 생선을 50페세타에 팔았든 75페세타에 팔았든 너무 싸게 팔았다는 사실을 깨달았다.

다음 날, 우리는 해가 중천에 걸려서야 눈을 떴다. 나는 침대에서 나와 커피를 끓이며 세탁기를 돌렸다.

침대에 누운 채 호세가 말했다.

"그래도 다행이지. 호텔에서 받을 돈이 아직 있잖아. 그게 아니었으면 어제는 정말 끔찍한 날이었을 거야. 기름값은 건졌으니 어제 고생한 얘기는 그만하자."

"으악! 영수증, 빌어먹을 영수증!"

나는 소리를 빽 지르며 욕실로 달려가 세탁기를 껐다. 보글거리는 거품 속에서 내 바지를 꺼내 주머니를 뒤져 보았지만, 영수증은 흐물흐물 녹아 버려 눅눅한 하얀 덩어리가 되어 있었다. 도저히 되살릴 수가 없었다.

"호세, 마지막 물고기마저 놓쳐 버렸어! 또 감자떡이나 먹어야겠다."

나는 욕실 앞 돌계단에 털썩 주저앉았다. 울어야 할지 웃어야 할지 알 수가 없었다.

야곱의 사다리

🟡

운전을 어떻게 하게 됐을까. 기억을 더듬어 봐도 어떻게 배운 건지 도무지 기억이 나지 않는다. 꽤 오래전부터 나는 조수석에 앉을 때마다 옆 사람이 운전하는 모습을 열심히 눈으로 익혔고, 나중에 기회가 있을 때마다 운전대를 잡아 보았다. 그러다 보니 자연스럽게 운전을 하게 되었나 보다.

나는 담이 꽤나 큰 편이다. 다른 사람 차를 같이 타게 되면 차 주인에게 아주 공손하게 물어보곤 했다.

"제가 운전해도 될까요? 전 아주아주 조심스럽게 운전한답니다."

내가 그렇게 부드럽게 간청하면 모두들 운전대를 넘겨주었다. 큰 차, 작은 차, 새 차, 헌 차, 어떤 차를 몰아도 나는 옆 사람의 호의를 저버리는 일이 없었다. 한 번도 실수하지 않고 차주를 잘 모셨다.

그런데 나에게 차를 내주는 사람 모두 가장 중요한 문제를 알아보는 걸 잊고 있었다. 그들이 묻지 않으니 나 역시 경솔하게 입을 열 수가 없었다. 그래서 나는 줄곧 침묵을 지키며 차를 몰고 동분서주했다.

우리도 마침내 차를 사게 되었다. 나는 금세 그 '백마'와 사랑에 빠졌다. 늘 백마를 몰고 시내에 가서 볼일을 봤고 퇴근하는 나의 '왕자'를 모셔오기도 했다.

차를 운전하는 일은 매우 순조로웠다. 나에게 운전면허 얘기를 꺼내는 사람은 아무도 없었다. 그러자 나도 모르게 스스로를 기만하는 올가미에 걸려들어 나는 이미 운전면허가 있는 사람이라는 억지 환상에 빠져 버렸다.

호세의 동료들이 우리 집에 놀러와 수다를 떨면서 이런 말을 했다.

"여기 운전면허 시험은 야곱의 사다리*를 올라가는 것보다 더 힘들다더라. 내가 아는 누구누구 부인은 열네 번이나 시험

---

* 구약성서 「창세기」에 나오는 장면. 형이 받을 상속의 축복을 가로챈 야곱이 분노한 형을 피해 달아나다가 황야에서 돌베개를 베고 잠이 드는데, 하늘까지 이어진 기나긴 사다리가 꿈에 나온다.

을 봤는데 아직 필기시험도 통과를 못 했고, 또 어떤 사하라위족은 2년 동안 시험을 봤는데 여태 주행 시험을 보고 있대."

나는 고개도 감히 들지 못한 채 찍소리 없이 그 무시무시한 화제에 귀를 기울였다. 그래도 나는 여전히 날마다 가만가만 차를 몰고 거리를 쏘다녔다.

야곱의 사다리라. 나는 잠시 생각에 잠겼지만 차량의 긴 행렬이 사다리를 타고 하늘로 올라가는 모습은 상상하기 힘들었다.

어느 날 아버지로부터 편지가 왔다.

'운전면허는 사막에서 한가롭게 지낼 때 냉큼 따놓으렴. 괜히 시간 끌지 말고.'

호세는 집에서 온 편지를 보면 늘 "아버님 어머님께서 뭐라고 하셔?" 하고 묻곤 했는데 이날 나는 미처 방어 태세를 갖추지 못하고 이런 말을 흘리고 말았다.

"아빠가 운전면허 따는 일을 더 이상 미루지 말라시네."

그러자 호세는 득의양양한 냉소를 날리며 말했다.

"그래, 이번에는 아버님 명령이야. 내가 강요한 게 아니라고. 어디 또 어떻게 피해 가나 두고 보겠어."

나는 잠시 생각에 잠겼다. 그동안은 기꺼이 나 자신을 속여 왔지만 남에게 해를 끼치는 일은 아니었다. 하지만 이제 무면허 운전을 하는 것은 아버지를 속이는 일이 되었고, 그러고 싶지는 않았다. 전에는 아버지가 운전에 관해 묻지 않았기 때문에 상관없었지만.

스페인에서 운전면허 시험을 보려면 먼저 반드시 '운전 학원'에서 운전을 배우고 학원에서 시험 접수를 해주어야 비로소 시험을 볼 수 있었다. 그래서 이미 운전을 할 줄 안다 해도 공연히 돈을 써야 했다. 스페인 본토에서 멀리 떨어진 아프리카에 살고 있어도 이곳 서사하라는 지금 스페인령이었기 때문에 스페인 법률이 적용되었다.

내가 운전 학원에 다니기로 하자 다음 날 호세는 동료들에게 시험 문제집을 여러 권 빌려 오더니 교통 규칙부터 보라고 했다.

나는 기분이 나빠졌다.

"나 책 보는 거 안 좋아해."

호세가 말도 안 된다는 듯이 반문했다.

"하루 종일 염소처럼 종이를 물고 돌아다니면서 책 읽는 게 싫다고?"

호세는 손가락으로 책꽂이를 가리키며 말했다.

"서기 좀 봐. 천문·지리·요괴·추리·애정·동물·철학·원예·요리·만화·영화·재봉, 심지어 중국의 비빙秘方에 마술·

최면술·의복 염색까지. 보기만 해도 아주 어지러워 죽겠어. 그런데 설마 이 얇은 교통 법규 책자를 보기 싫다는 거야?"

이건 다르다. 남이 뭘 보라고 딱 지정하면 그건 보기 싫어진다. 나는 한숨을 푹 쉬며 얇은 책자들을 받아 들었다.

며칠이 지나자 나는 돈을 갖고 차를 몰고 운전 학원에 등록하러 갔다.

이 '사하라 운전 학원' 원장은 자기 외모를 감상하는 걸 무지 좋아하는 모양이었다. 각기 다른 옷을 입고 찍은 그의 대형 컬러 사진이 사무실 곳곳에 열 장도 넘게 걸려 있었다. 번쩍번쩍, 영화관에 들어와 있는 줄 알았다.

접수대 앞은 사하라위 남자들로 정신없이 붐볐다. 운전 학원은 대호황을 누리고 있었다. 지금 사막에서는 운전이 엄청난 유행으로 구멍 뚫린 천막 밖에도 대형 승용차가 서 있을 정도였다. 사막의 많은 아버지가 예쁜 딸을 팔아서 차를 샀다. 사하라위족에게는 문명으로 향하는 유일한 상징이 바로 자신이 운전하는 차에 앉아 있는 것이었다. 사람이야 썩었든 어떻든 면허증은 필수였다.

나는 남자들이 둘둘 휘감은 천 사이를 겨우겨우 헤치고 접수대로 다가갔다. 막 등록을 하려 할 때였다. 내 오른쪽에는 분명 사하라위 남자 한 명이 서 있었는데 어느 틈엔가 스페인 교통경찰 두 명으로 바뀌어 있지 않은가.

깜짝 놀라 잽싸게 사람들을 헤치고 멀찌감치 도망쳤다. 다시 영화배우 같은 원장 사진을 보고 있는데 교통경찰 한 명이 나에게 성큼성큼 다가오는 모습이 유리에 비쳐 보였다.

나는 애써 마음을 가라앉히고 꼼짝하지 않은 채 사진 속 원장의 와이셔츠 단추를 열심히 헤아렸다. 그 경찰 양반은 내 옆에 와서 나를 보고 또 보더니 마침내 입을 열었다.

"부인, 낯이 익은데요!"

나는 할 수 없이 몸을 돌리며 말했다

"정말 죄송합니다. 저는 경찰관님을 모르겠는데요."

"방금 등록하겠다고 말하는 걸 분명히 들었는데 정말 이상하네요. 지금껏 부인이 차를 몰고 시내를 활보하는 모습을 한두 번 본 게 아닌데 말입니다. 설마 운전면허가 없는 건 아니겠죠?"

몹시 불리한 상황이었다. 나는 얼른 영어를 쓰기 시작했다.

"죄송합니다. 저는 스페인어를 못하는데요. 지금 뭐라고 하시는 거예요?"

경찰은 어안이 벙벙해져 있다가 스페인어로 소리쳤다.

"면허증! 면허즁!"

"못 알아듣겠어요."

나는 당황해 어쩔 줄 모르는 표정을 지어 보였다.

그 경찰은 얼른 달려가서 동료를 불러오더니 나를 가리키며 말했다.

"저 여자가 아침에 차를 몰고 우체국 앞을 지나가는 걸 내 눈으로 똑똑히 봤거든. 분명 저 여자였어. 그런데 글쎄 이제 학원에 등록해서 운전을 배우겠다네. 저 여자를 어떻게 처벌하지?"

"지금은 차를 타고 있지 않잖아. 왜 진작에 잡지 않았어?"

"온종일 차를 몰고 돌아다니는데 당연히 면허가 있는 줄 알았지. 어디 차를 세우고 면허증을 보자고 할 생각이나 했겠어."

그들은 이야기에 열중해 나를 잊어버린 듯했다. 나는 재빨리 몸을 돌려 다시 사하라위 남자들이 휘감은 천 틈으로 숨어들었다.

잽싸게 등록을 마치고 수강료를 내면서 직원에게 시험 접수도 같이 해달라고 말했다. 나는 다다음 주에 시험을 보게 되었다.

등록을 말끔히 마치고, 학원 서점에 받은 교통 법규 등등에 관한 책자 몇 권을 손에 들고 편안한 마음으로 정문을 나섰다.

차에 올라 시동을 걸고 막 출발하려는 순간이었다. 나를 잡으려고 담 모퉁이에 숨어 있는 경찰 두 명이 백미러에 비치는 게 아닌가!

나는 또다시 깜짝 놀라 황급히 차에서 뛰어내렸다. 차는 그대로 팽개쳐 둔 채 바삐 걸어서 집으로 돌아왔다. 그리고 저녁에 퇴근해 돌아온 호세에게 우리의 백마를 구해 달라고 간청했다.

운전 연습을 시작하는 시간은 낮 12시 30분이었다. 운전 학원의 설비는 교외의 황량한 모래 더미 위에 아스팔트 길을 몇 줄 깔아 놓은 게 다였다.

운전 강사와 나는 좁은 차 안에 끼어 앉은 채 미로 속의 흰 쥐처럼 이리저리 맴돌았다.

한낮의 사막 기온은 섭씨 50도가 넘었다. 온몸이 땀으로 흠뻑 젖었고 눈에도 땀방울이 흘러들었다. 차 안으로 들이치는 모래바람 때문에 따귀를 얻어맞는 것처럼 아팠다. 수업 시작한 지 15분도 지나지 않았는데 심한 갈증과 혹독한 더위가 미친개처럼 날 물고 늘어졌다. 강사는 더위를 견디다 못해 나에게 묻지도 않고 웃통을 훌렁 벗어젖히더니 상반신을 드러낸 채 내 옆에 앉아 있었다.

사흘 동안 운전을 배우고 나니 더 이상 이 미칠 듯한 더위를 견딜 수가 없었다. 시간을 바꿔 달라고 하자 강사가 말했다

"제기랄, 당신은 운이 좋은 줄 알아요. 밤 열한 시에 오는 여자도 있는데 그땐 춥고 캄캄해서 아무것도 못 배운다고요. 빌어먹을, 그래도 시간을 바꿀래요?"

말을 마친 그는 펄펄 끓는 자동차 지붕을 쾅 내리쳤다. 지붕이 움푹 꺼져 버렸다.

그는 결코 나쁜 사람은 아니었다. 하지만 앞으로 남은 열다섯 번의 수업 시간 동안 움직이는 오븐 속에서 웃통 벗은 남자 옆에 앉아 있어야 한다니 아무래도 꺼려졌다. 게다가 그는 입만 열면 육두문자라 그것도 듣기 싫었다.

나는 잠깐 망설이다가 이렇게 제안했다.

"이러면 어때요? 강사님이 맡은 시간에 다 사인해 주시고 수업을 마칩시다. 시험은 내가 알아서 볼게요."

그는 자기 마음과 딱 들어맞았다는 듯 반색을 했다.

"좋아요, 제기랄. 방학이에요. 여기서 끝내고 시험 볼 때 다시 만납시다!"

그러고는 종강을 축하한다며 탄산수 한 병을 사주었다.

호세는 학원에 돈을 그냥 갖다 바쳤다는 사실을 알자 길길이 날뛰며 야간 수업이라도 들으라고 다그쳤다. 교통 법규 수업이라도 들어 비싼 교습비의 본전을 뽑으라는 것이었다.

첫 번째 야간 수업을 들으러 갔다.

옆 교실에서는 사하라위 사람들이 수업을 받고 있었다. 퍽이나 기묘한 광경이었다. 낭랑한 목소리로 다 같이 한 줄 한 줄 교통 규칙을 암송하는데 뭔가에 홀린 듯한 모습이었다. 사하라위 사람들이 이렇게 진지한 모습은 처음 보았다.

우리 스페인어 반은 매우 썰렁했다. 많은 학생이 수업을 빼먹었기 때문이다.

우리 반 선생님은 키가 크고 마른 중년의 콧수염 신사로 문화적 향기가 물씬 풍겼다. 물론 욕도 하지 않았다. 문과와 무과에는 확실히 차이가 있었다.

내가 정해진 자리에 가 앉자 선생님이 다가와 매우 예의 바르게 중국 문화를 가르쳐 달라고 청했다. 나는 중국 상형문자를 그려 설명해 가며 한바탕 강의를 해주었다.

다음 날 내가 교실로 들어서자 이 문과 선생님은 곧바로 연습장을 펼쳐 보였다. 거기에는 중국 한자가 빼곡하게 적혀 있었다. 人人人天天天······.

그는 매우 겸손하게 물었다.

"어때요? 비슷하게 썼나요?"

"저보다 잘 쓰셨는데요."

그는 무척 기뻐하며 또 공자와 노자에 관해 세세한 질문을 하기 시작했다. 나의 본업에 관한 이런 영민한 질문에 나는 차

근차근 대답해 주었다. 내가 장자를 아느냐고 묻자 그는 나비가 아니냐고 반문했다.* 한 시간이 순식간에 지나갔다. 나는 신호등에 대한 설명을 듣고 싶었지만 그는 오히려 이상하다는 듯 물었다.

"설마 색맹은 아니겠죠?"

이 문과 선생님과 함께한 오천 년의 '세월의 동굴'에서 빠져나왔을 때는 이미 얼음처럼 차갑고 칠흑같이 어두운 밤이었다.

집에 오자마자 얼른 저녁을 지어 기다리느라 심통이 난 호세에게 먹였다.

"싼마오, 트럭 뒤에 있는 여러 가지 라이트가 뭔지 분명히 알았어?"

"그럼. 선생님이 참 잘 가르쳐 주셔."

호세가 회사에서 일하는 동안 나는 빨래하고 침대 정리하고 바닥 쓸고 먼지 닦고 밥 짓고 뜨개질 하느라 바빠 움직였다. 그러면서도 교통 법규 책자를 놓지 못하고 계속 중얼중얼거렸다. 어린 시절 주일학교에 다니면서 성경 구절을 달달 외웠던 것처럼 교통 법규도 구구절절 몽땅 외워 버렸다.

---

* 장자의 호접지몽胡蝶之夢 이야기를 나누고 있다. 장자가 꿈에 나비가 되어 즐기는데 나비가 자신인지 자신이 나비인지 분간하지 못했다는 고사에서 유래한 말로 물아일체物我一體의 경지 또는 인생의 덧없음을 비유하여 이르는 말이다.

이웃들도 내가 시험공부를 하는 걸 알았다. 나는 문을 단단히 잠가 놓고 아무에게도 열어 주지 않았다.

이웃 여자들은 날마다 문을 두들기며 소리를 질렀다.

"시험 언제 끝나요! 당신이 문을 안 열어 주니까 우리가 얼마나 불편한 줄 알아요!"

이웃들이 아무리 성화를 부려도 나는 끝까지 문을 열어 주지 않았다. 이번만큼은 무척 진지했다.

시험이 코앞에 다가왔다. 운전은 두렵지 않았으나 필기시험은 왠지 자신이 없었다. 교통 법규와 채소, 달걀, 털실, 공자, 장자가 뒤섞여 자꾸만 헷갈렸다.

금요일 저녁, 호세가 교통 법규 책을 들고 와서 말했다.

"글피가 시험이야. 만약 필기에서 떨어지면 실기는 꿈도 꾸지 마. 지금부터 질문한다."

호세는 이 부분 저 부분을 어지럽게 물어보았다. 강압적인 태도에 목소리도 아주 사나웠다. 이런 식으로 질문 공세를 받으니 한 마디도 귀에 들어오지 없었다.

"천천히 좀 물어봐! 뭔 소린지 하나도 모르겠잖아!"

호세는 또다시 질문을 잔뜩 던졌지만 나는 제대로 대답하지 못했다. 그러자 호세는 책자를 내팽개치더니 눈을 부라리며 화를 냈다.

"그렇게 수업을 많이 받고 이것도 몰라? 이런 머저리가 있나!"

나도 화가 치밀어 부엌으로 달려가 요리용 술을 벌컥벌컥 들이켰다. 마음을 진정시키고 나니 머리가 한결 맑아졌다. 나는 교통 법규 책자를 다시 호세에게 집어 던지고 면전에서 한 글자 한 글자 천천히 외기 시작했다. 100항쯤 되는 교통 법규를 몽땅 줄줄 외자 호세는 넋 나간 얼굴이 되었다.

"어때? 나는 초등학교 선생님이 전문적으로 키워낸 암기왕이라고!"

내가 득의양양하게 말했다. 그렇지만 호세는 여전히 마음이 놓이지 않는 듯했다.

"월요일에 너무 긴장해서 스페인어를 제대로 못 읽으면 다 소용없잖아?"

그 말에 나는 밤새 엎치락뒤치락하면서 잠을 이루지 못했다.

확실히 나는 당황하면 백지를 내버리는 버릇이 있다. 나중에 생각해 보면 분명 다 아는 것인데도 그때는 도무지 머리가 돌아가지를 않았다. 이를 두고 옛사람도 '이 마음 세월 지나 추억이 되었지만 그때는 당황하고 참담할 뿐이었네此情可待成

追憶 只是當時已惘然*"라고 노래했을 것이다.

밤새도록 한숨도 못 잤는데 어느새 날이 밝았다. 호세는 아직도 곤히 잠들어 있었다.

일주일 내내 고생한 남편을 깨우고 싶지는 않았다. 나는 소리 없이 옷을 챙겨 입고 살금살금 문을 열고 차에 시동을 걸었다. 마을에서 멀리 떨어진 교통경찰 부대에 가려는 것이었다. 운전면허증도 없이 감히 교통경찰 부대로 가는 일은 불구덩이에 뛰어드는 거나 다름없겠지만, 걸어서 간다면 산발에 먼지투성이가 되어 좋은 인상을 줄 수 없다. 그런 꼴로는 내 목적을 달성하기 힘들 것이다.

부대 사무실 문 앞에 차를 세웠다. 아무도 내게 면허증을 보자고 하지 않았다. 세상에 이렇게 간 큰 바보가 또 있을까?

사무실에 막 들어서려는 순간, 누군가 나를 불렀다.

"싼마오 씨!"

나는 흠칫 놀라 그 사람을 돌아보았다.

"실례지만 저를 어떻게 아세요?"

"지원서에서 사진을 봤습니다. 월요일에 시험 보시죠?"

"아, 네. 바로 그 일 때문에 왔어요."

나는 서둘러 말했다.

---

* 당나라 시인 이상은李商隱의 시 「금슬」錦瑟의 한 구절.

"필기시험 담당관을 만나 뵙고 싶은데요."

"무슨 일이세요? 담당관은 우리 부대 대대장님이신데요."

"그분께 제가 뵙고 싶어 한다고 전해 주실래요?"

그는 매우 신기해하는 표정을 짓더니 안으로 들어갔다. 그리고 조금 뒤에 다시 나왔다.

"이쪽으로 들어가세요."

집무실에 앉아 있는 대대장은 고아하면서도 기개 있어 보이는 반백의 군인이었다. 사막에서 오래 살다가 이런 풍채를 만나자 순간 아버지가 떠올라 잠시 넋 놓고 서 있었다.

대대장은 자리에서 일어나 악수를 청하고 의자를 당겨 주며 앉으라고 권했다. 또 사람을 불러 커피를 부탁했다.

"무슨 일로 오셨습니까? 성함이……."

"저는 싼마오라고 하는데요……."

나는 사연을 말하기 시작했다. 나를 밤새 한숨도 못 자게 했던 문제를 이 대대장이라면 해결해 줄 수 있을 듯했다.

"그러니까 필기시험을 구술로 보고 싶다는 얘긴가요? 당신이 말하면 내가 듣고, 이런 식으로 말이죠?"

"네, 바로 그거예요."

"생각은 좋은데 선례가 없어서요. 게다가 스페인어를 참 잘하시는데요. 문제없을 겁니다."

"아니에요, 문제가 있어요. 저에게 처음으로 선례를 만들어 주시면 되잖아요."

그는 아무 대답 없이 내 얼굴만 빤히 바라보았다.

"사하라위족은 구술시험을 볼 수 있다고 들었는데요, 왜 저는 구술시험이 안 되죠?"

"사하라 사막 안에서만 운전할 수 있는 면허증을 딸 거라면 구술시험을 봐도 됩니다."

"저는 각지에서 다 통용되는 것을 원하는데요."

"그러면 반드시 필기시험을 봐야 합니다. 시험은 객관식이라 기호를 쓰면 돼요. 글자를 쓸 필요가 없습니다."

"객관식 문제도 다 알쏭달쏭해요. 당황하면 다 틀릴 게 뻔해요. 저는 외국인이에요."

대대장은 또 잠시 침묵하다가 입을 열었다.

"안 됩니다. 시험지를 보관해야 하는데 구술시험을 보면 시험지가 없고 시험지를 대체할 것도 없어요. 방법이 없습니다."

"왜 방법이 없어요? 녹음기가 있잖아요. 녹음을 해서 보관하면 되잖아요. 대대장님, 조금만 머리를 써보세요."

내 싸움닭 기질이 또 튀어나왔다.

대대장은 아주 자상한 얼굴로 나를 보며 말했다.

"마음 푹 놓고 월요일에 와서 필기시험을 보세요. 반드시 합격할 겁니다. 긴장할 것 없습니다."

보아하니 구술시험은 틀린 것 같았다. 더 이상 떼를 써서 그를 난처하게 하고 싶지는 않았다. 나는 고맙다는 인사를 건네고 편안한 마음으로 자리에서 일어났다.

문 앞에 이르렀을 때 대대장이 나를 불러 세웠다.

"잠깐 기다리세요. 저희 애들한테 댁까지 모셔다 드리라 하죠. 여기서 꽤 멀지요?"

대대장은 자기 부하들을 '애들'이라고 불렀다.

나는 다시 고맙다고 말하고 문을 나섰다. 그 '애들'은 차 옆에 꼿꼿이 서서 나를 기다리고 있었다. 우리는 쌍방 모두 소스라치게 놀랐다. 그들은 바로 며칠 전 나를 무면허 운전으로 잡으려 했던 그 경찰 양반들이었다.

나는 매우 공손하게 말했다.

"사실 저는 여러분을 귀찮게 하고 싶지 않아요. 한 번만 너그러이 봐주시면 저 혼자 돌아갈게요."

이 자리에서는 나를 잡지 못할 것이 확실했다.

차를 몰고 집으로 돌아와 보니 호세는 여태 자고 있었다.

일요일에도 나는 쉬지 않고 교통 법규를 외웠다. 우유와 식빵과 설탕으로 하루를 때웠다.

월요일 아침, 호세는 출근하지 않는다고 했다. 다음 주 토요일에 보충 근무를 하기로 하고 휴가를 냈다면서 시험장에 데려다주겠다는 것이었다. 호세가 따라오는 건 털끝만큼도 바라지 않았는데.

시험장에 도착하니 벌써 사람들이 새까맣게 모여 있었다. 이삼백 명은 될 성싶었다. 사하라위족도 굉장히 많았다.

여기서 필기시험과 실기시험을 모두 보게 되어 있었다. 시험장 맞은편은 바로 사막의 감옥이었는데 죄질이 가벼운 사람들을 수감하는 곳이었다. 중죄를 지은 사람들은 경찰부대 안에 가둬 두었다.

죄수는 대부분 술집 여자를 놓고 사랑의 쟁탈전을 벌이다 상해죄로 잡혀 온 이들이었고, 술에 취해 사하라위족과 패싸움을 하다 잡혀 온 카나리아 제도 출신의 인부들도 있었다.

이 사막에는 진짜 인간쓰레기나 깡패 건달은 없다. 이 땅은 너무도 황량하기에 설령 그런 작자들이 온다 해도 이렇다 할 성과도 없을 것이다.

시험장에 들어가려고 기다리는데 맞은편 죄수들이 옥상에 서서 우리를 구경했다. 스페인 여자가 혼자 지나가는 걸 보면 이 잡배들은 손뼉을 치며 소리를 질렀다.

"헤이, 베이베! 우리 이쁜이, 빌어먹을 시험 잘 보라고! 오빠들이 응원해 줄 테니 걱정 말고! 휘리릭…… 끝내주게 색시한데!"

그 거칠고 호쾌하게 부르짖는 소리를 듣고 있자니 나도 모르게 웃음이 나왔다.

"혼자 오겠다고 그렇게 우기더니. 내가 아니었으면 당신도 베이베 소리 들었어!"

호세가 이렇게 말했지만 나는 도리어 그 지붕 위의 미치광이들이 좋았다. 적어도 저렇게 신바람 나는 죄수들은 본 적이 없었으니까. 『금고기관』今古奇觀*의 한 대목과도 같은 장면이었다.

그날 시험을 보는 사람은 200여 명이었다. 처음 보는 사람도 있고 재시험을 보는 사람도 있었다.

대대장이 또 다른 시험관 한 명과 함께 시험장 문을 열고 들어왔다. 순간 심장이 제멋대로 쿵쾅거리기 시작했다. 머리가 어지럽고 속이 메스꺼워졌다. 손가락도 굳어 버려 구부릴 수가 없었다. 호세는 내가 줄에서 달아나지 못하도록 내 손을 꽉 잡았다.

이름이 불린 사람들은 마치 도살장에 끌려가는 어린 양처럼 그 무시무시한 굴속으로 들어갔다.

---

* 중국 명나라 말기에 발간된 구어체 단편소설집으로 중국 8대 기서奇書에 속한다. 당시 서민들의 처세 철학이나 윤리, 생활 감정 등을 엿볼 수 있다.

대대장이 내 이름을 부르자 호세가 내 등을 가볍게 떠밀었다. 나는 할 수 없이 앞으로 걸어 나갔다.

"안녕하세요!"

나는 울먹이다시피 대대장에게 인사를 했다.

대대장은 나를 유심히 보더니 나에게만 특별히 말했다.

"맨 오른쪽 첫 번째 자리에 앉으세요."

다른 사람에게는 자리를 지정해 주지 않으면서 왜 나만 십자가에 못 박는단 말인가! 나를 믿지 않는 게 틀림없었다.

시험장은 쥐죽은 듯 조용했다. 각각의 시험지는 모두 의자 밑에 놓여 있었다. 시험지가 제각기 달랐기 때문에 옆 사람 것을 훔쳐봐야 소용이 없었다.

"자, 시작하세요. 15분 안에 시험지를 내세요."

나는 곧바로 의자 밑에 놓인 시험지를 집어 들었다. 종이 위에는 외국 개미 떼가 기어가고 있었다. 한 글자도 알아볼 수가 없었다. 간신히 마음을 가라앉혔지만 아무 소용이 없었다. 개미들은 모두 외국 말을 했다.

나는 깨끗이 펜을 놓고 두 손을 맞잡고 가만히 앉아 있었다.

창밖에서 나를 지켜보던 호세는 내가 갑자기 참선을 시작하는 걸 보고는 다급해진 나머지 시험장에 뛰어들어 방망이로 두들겨 깨울 뻔했다나.

가만히 마음을 가라앉히고 다시 시험지를 들여다보았다. 이제야 글자가 눈에 들어왔다. 내가 왜 특별히 이 자리에 못 박혔는지 비로소 알게 되었다.

시험지에 적힌 문제는 이러했다.

    차를 몰고 가는데 빨간불이 켜지면
    1) 그냥 지나간다   2) 멈춘다   3) 클랙슨을 마구 누른다

    차를 몰고 가는데 횡단보도에 사람이 건너가면
    1) 손을 흔들며 빨리 건너가라고 한다
    2) 무시한 채 지나간다   3) 멈춘다

커다란 시험지 두 장에 적힌 문제는 모두 이렇게 배꼽 빠지는 것들이었다. 나는 시험지를 보면서 꺽꺽 하고 치밀어 오르는 웃음을 억누르느라 사레가 들어 혼났지만 번개처럼 답을 써 내려갔다.

맨 마지막 문제는 이러했다.

    차를 몰고 가는데 천주교인이 성모상을 메고 지나가면
    1) 손뼉을 친다   2) 멈춘다   3) 무릎을 꿇는다

나는 '멈춘다'에 표시했다. 이 문제는 스페인이 천주교 국가라서 출제된 듯했다. '무릎을 꿇는다'에 표시한다면 출제자들은 더욱 기뻐하겠지.

나는 8분 만에 문제를 다 풀었다. 대대장에게 시험지를 내밀자 그는 의미심장한 미소를 지어 보였다. 나는 대대장에게 나직이 속삭였다.

"감사합니다. 안녕히 계세요!"

고개를 파묻고 고민하는 사람, 펜을 물어뜯는 사람, 답을 지우는 사람, 부들부들 떠는 사람, 이마를 찌푸리는 사람들 사이를 헤치고 살며시 문을 열고 밖으로 나왔다.

구술시험을 보는 사하라위 사람들이 고사장에 들어갈 차례가 될 때까지 호세는 계속 나를 위로했다.

"괜찮아, 뭐 대단한 거라고. 망쳤으면 다음 주에 다시 보면 돼. 마음 편히 가지라고."

나는 호세를 애태우려고 입을 꾹 다문 채 잠자코 있었다.

10시 정각이 되자 한 시험관이 명단을 들고 나와 시험에 통과한 사람을 호명하기 시작했다. 계속해서 합격자를 불렀지만 내 이름은 나오지 않았다. 초조해진 호세가 저도 모르게 내 어깨를 꽉 붙잡았다.

"싼마오."

내 이름이 큰 소리로 불리자 나는 그제야 장난기 가득한 눈으로 호세를 힐끔 보았다. 사실 심하게 애태우려던 것도 아니었는데 호세는 뜻밖의 희소식에 미친 듯이 기뻐하며 나를 껴안았다. 어찌나 힘껏 안았는지 갈비뼈가 부러지는 줄 알았다.

옥상 위에서 죄수들이 이 장면을 보고 우리에게 커다란 갈채를 보냈다.

나는 그들을 향해 손가락으로 V자를 그려 보였다. 내 표정은 마치 정권을 잡은 닉슨 대통령 같았다. 나의 그 시험 답안은 워터게이트 사건이나 마찬가지였으니.

곧바로 실기시험이 이어졌다.

운전 학원의 트럭과 승용차가 모두 나와 일렬로 서 있었다. 열기도 대단했다. 죄수들은 마치 경마장의 관중들처럼 소리 높여 고함을 질렀다.

200여 명이 필기시험을 보았지만 남은 사람은 80여 명뿐이었다. 하지만 옆에서 지켜보는 사람들로 시험장은 아직도 북적였다.

나의 무과 선생님은 이번에는 웃통을 벗지 않고 아주 단정하게 차려 입고 있었다.

"처음 석 대는 절대 타면 안 돼요. 다른 사람이 엔진을 달구어 놓은 다음에 타요. 그래야 시동이 안 꺼져요."

나는 고개를 끄덕였다. 운전은 자신 있었기에 긴장할 이유가 없었다. 그래서 두 번째 사람이 시험을 마치자마자 곧바로 소리쳤다.

"안 기다려도 돼요. 지금 볼래요."

초록불이 켜지자 내가 탄 차는 야생마처럼 거침없이 튀어나갔다.

기어를 바꾸고 다시 기어를 바꾸고, 정지했다가 앞으로 전진, 모퉁이를 돌고, ㄱ자로 후진했다가 다시 ㄴ자로 후진, 비탈을 오르고, 양쪽에 세워진 차 사이에 샌드위치처럼 주차하고, 비탈에서 브레이크를 잡았다가 다시 전진, 비탈을 내려가고 기어를 바꾸고…….

나는 한 치의 오차도 없이 정확하고 질서정연하게 운전했다. 이제 눈앞에 출구가 보였다. 관중들이 나를 향해 손뼉을 치며 환호하는 소리가 들려왔다. 사하라위 사람들도 소리 높여 외쳤다.

"중국 아가씨 짱이야, 짱!"

너무 기쁜 나머지 잠시 머리가 돌았는지, 나는 갑자기 시험관이 앉아 있는 관제탑으로 차를 돌렸다. 그 순간 차가 미끄러지면서 모래 속에 처박혔고 당황해서 시동을 꺼뜨렸다. 그걸로 끝이었다.

환호 소리는 갑자기 놀라는 소리로 바뀌더니 곧이어 커다란 웃음소리로 바뀌었다. 그 가운데 특별히 우렁찬 소리는 바로 호세의 웃음소리였다.

나 또한 웃음을 참지 못하며 차 밖으로 빠져나왔다. 올림포스의 신들이 내린 죽음의 형벌처럼 이대로 그냥 웃다 죽을 것 같았다.

일주일 내내 나는 그 참혹한 실패를 회상하며 반성하고 또 반성했다. 방심해서 형주荊州를 잃는 일*이 없도록 다음번에는 반드시 정신 똑바로 차리고 시험에 임하리라.

그 다음 주 월요일에 나는 혼자 시험을 보러 갔다. 이번에는 조바심을 내지 않고 네다섯 명이 시험을 치를 때까지 참을성 있게 기다렸다가 차에 올랐다.

4분 안에 모든 동작을 끝내야 했는데 나는 2분 35초 만에 실수 하나 없이 해냈다.

합격자는 열여섯 명, 그중에서 내가 유일한 여자였다.

대대장이 나에게 농담을 했다.

"차가 꼭 포탄처럼 빠르던데요. 우리 부대에 와서 교통경찰 하면 딱이겠어요."

---

* 『삼국지』에서 힘을 믿고 교만해진 관우가 방심하여 조조와 손권의 군대에 형주를 빼앗긴 데서 나온 고사성어.

걸어서 집에 가려 하는데 호세가 희색이 만면해 나를 데리러 왔다. 호세네 회사는 여기서 수십 킬로미터나 떨어져 있는데 점심시간에 짬을 내서 달려온 것이었다.

"축하! 축하!"

"어? 천리안이 달렸나?"

"감옥 옥상에 있는 죄수들이 말해 줬어."

창살 안에 갇힌 사람들이 창살 밖에 있는 사람들보다 꼭 나쁜 건 아니다. 정말 나쁜 사람은 마치 전설 속의 용처럼 마음대로 커졌다 작아졌다, 숨었다 나타났다 하기에 붙잡을 수도 없고 가둬 둘 수도 없을 것이다.

점심 준비를 하는 사이에 호세더러 감옥에 있는 죄수들에게 콜라 두 상자와 담배 두 보루를 가져다주고 오라고 했다. 그들은 고적대처럼 힘차게 나를 응원해 주었다. 나는 그들을 깔보지 않았다. 나나 그들이나 별로 다를 바가 없었으니까.

점심을 먹고 나서 호세를 회사까지 태워다 주고, 다시 시내로 와서 차를 잘 감추어 두었다. 그리고 마지막 관문인 도로 시험장을 향해 걸어갔다. 야곱의 사다리는 오르면 오를수록 재미있었다. 나는 어느새 이런 과정을 한껏 즐기고 있었다.

섭씨 50도의 한낮. 텅 빈 도로 위에는 뜨겁게 내리쬐는 태양이 만들어낸 쩔막한 긴풀 그림자만 나란히 드리워져 있을 뿐이었다. 도시는 죽은 듯 고요했다. 이곳에서는 시간조차 멈춰 버린 듯했다.

그 풍경은 초현실주의 미술 작품의 복사판처럼 마음 깊은 곳에 와 닿았다. 만약 굴렁쇠를 굴리는 소녀가 있었다면 더더욱 실감이 났을 것이다.*

도로 시험은 이렇게 아무런 교통 흐름도 없는 곳에서 치러졌다.

이런 곳에서는 길을 가는 개 한 마리도 칠 수 없고 길가에 선 나무 한 그루도 박을 수 없지만 그래도 나는 주의를 게을리하지 않았다.

출발 전에 깜박이를 켜고 고개를 돌려 주위를 확인하고, 출발한 뒤에는 중앙선을 넘지 않도록 오른쪽으로 붙어 갔다. 네거리에서는 차를 세우고 횡단보도는 천천히 지나갔다. 길에 신호등이 없어서 운전이 한결 쉬웠다.

열여섯 명이 금방 시험을 마쳤다. 대대장은 우리를 교통경찰 부대의 복지 매장에 데려가 탄산수를 사주었다. 스페인 사람 여덟 명과 사하라위 사람 일곱 명 그리고 나였다.

시험을 통과한 사람들에게는 곧바로 임시 면허증을 발급해주었다. 정식 면허증은 스페인에서 다시 발급해 준다고 했다.

---

* 초현실주의 화가 조르조 데 키리코의 그림 「거리의 우울과 신비」를 말하고 있다.

나는 지난주 내내 스스로에게 되뇌었다. 모로코 국왕 하산*이 서사하라에 와서 차를 마시기 전에 반드시 야곱의 사다리 끝까지 오르겠다고. 지금 나는 정상에 올랐으나 그 마귀 같은 왕은 아직 오지 않았다.

대대장은 임시 면허증 일곱 장을 발급해 그중 하나를 내게 건네주었다.

면허증을 따고 나니 운전할 때 마음뿐 아니라 얼굴빛도 달라졌다. 비로소 여유가 생긴 듯했다.

어느 날 차를 세워 놓고 내렸는데 갑자기 허공에서 불쑥 튀어나온 것처럼 그때의 그 경찰 양반들이 나타나 호통을 쳤다.

"하하, 이번에야말로 꼼짝없이 잡았다!"

나는 태연자약하게 면허증을 꺼내 그들의 코앞에 들이밀었다.

그런데 그들은 면허증은 거들떠보지도 않은 채 범칙금 용지를 꺼냈다.

"범칙금 250페세타입니다."

---

* 1975년 스페인이 서사하라 식민 통치를 포기하자 모로코 왕 하산은 모로코 국민 35만 명을 앞세워 시시하라를 향해 소위 '평화 행진'을 감행하여 서사하라를 강제 점령해 버렸다. 그러자 사하라위족은 폴리사리오 인민해방전선을 조직해 독립을 선포하고 무장 투쟁을 벌였다.

"뭐라고요?"

나는 내 눈을 의심했다.

"버스정류장 앞 불법 주차입니다. 벌금 내요!"

"여기는 버스가 없잖아요. 지금껏 한 번도 못 봤다고요."

"이제 곧 생길 겁니다. 표지판이 이미 붙어 있잖아요?"

"이런 식으로 범칙금을 부과하다니, 못 내요! 거부하겠어요."

"저런 표지판이 있는 곳에다 차를 함부로 세우면 안 되죠, 버스가 있건 없건."

내 머리는 열을 받으면 유난히 빨리 돌아간다. 교통 법규가 머릿속에 하나씩 하나씩 나는 듯 스쳐 갔다.

나는 두 경찰을 밀치고 차에 뛰어올라 표지판에서 몇 미터 떨어진 곳으로 몰고 가서 차를 세우고 내렸다. 그러고는 범칙금 용지를 다시 경찰의 손 안에 쑤셔 넣었다.

"교통 법규에 따르면 차를 세우고 2분 안에 다시 출발하면 주차한 게 아니에요. 나는 차를 세운 지 2분이 안 되어 다시 출발했으니 주차 위반이 아니에요!"

경찰 양반들은 이번에도 졌다. 범칙금 용지는 염소에게 던져졌다.

나는 푸하하 웃고는 장바구니를 들고 사막 군단의 복지 매장으로 갔다. 오늘은 뭐 건질 게 있나 둘러보고 신선한 과일과 채소를 샀다.

본래 사막 태생이 아닌 이 말썽꾸러기 검은 양은, 지루하고 답답하고 유구한 세월을 어떻게든 생동감 있고 다채롭게 보내려고 애쓰고 있었다.

가을 하늘이 참으로 맑도다!

사랑하는 시어머니

 호세와 내가 결혼한 사건은 로맨틱한 사랑의 도피 행각은 아니었다. 우리는 그저 둘이서 법원까지 걸어가 혼인 신고를 하는 것으로 대사를 치렀다. 양가 부모님도 참석하지 않은 혼례였다.

 우리 집안으로 말하자면 우리 부모님은 너그럽고 열린 태도로 자식을 대하셨기에 나는 두 분께 모든 걸 터놓고 얘기했다. 그래서 먼저 결혼 허락만 받아 놓고 날짜는 나중에 느닷없이 전보로 통지했다. 효에도 예에도 어긋나는 행태였지만 딸을 절절히 사랑하는 부모님은 호세를 열렬히 환영해 주셨다. 세상을 떠도는 탕아 같은 딸자식이 사윗감은 너무나 잘 고른 걸 보고 틀림없이 희비가 교차하셨을 거다.

심지어 아버지는 이렇게 신신당부까지 하셨다. 성경에서 하느님이 세상 사람들에게 이르셨듯이 "이는 내 사랑하는 아들(사위)이니 그의 말을 따르라"고 말이다.

그런데 호세 집안을 보면 시부모님은 왜 그리 운이 나쁘신지. 딸 넷과 아들 하나가 결혼하면서 부모님과 미리 상의한 적이 단 한 번도 없었다.(아직 2남 1녀가 남았으니 희망은 있겠지.)

시부모님의 사랑스러운 자식들은 결혼 전날에야 소식을 알리기도 하고(호세처럼) 결혼부터 하고 나서 편지로 알려 오기도 했다(미국에 있는 호세 큰누나). 심지어 몸은 마드리드의 부모님 앞에 얌전히 앉아 있으면서 저 멀리 남미 콜롬비아 교회당에 위탁해 살그머니 궐석 결혼식을 올린 자식까지 있었다(호세 작은누나).

다들 꽃처럼 아름다운 짝을 찾아 원만히 혼인했건만 사전에 부모님께 알리는 일에서만큼은 왜 한사코 이런 이해하기 힘든 유머를 구사한 걸까. 안에서는 어떤 낌새도 내보이지 않은 채 밖에서는 8남매가 똘똘 뭉쳐 서로 도우며 열여섯 개 손바닥으로 하늘을 가리니, 연로하신 부모님은 그대로 속아 넘어가 어찌 돌아가는 형편인지 갈피도 잡지 못했다. 부모로서 위엄을 부려 보려 했을 때는 이미 엎질러진 물이었다.

이는 어쩌면 지나치게 엄격하고 보수적이고 독재적인 가정

교육에서 비롯된 촌극일지도 모른다.(독자 여러분, 중국 전통문화에서만 가정교육을 중시한다 생각하지 마시길. 서방 세계에서 벌어지는 기현상도 산더미다!)

그렇다, 결혼하고 나자 내 신분증에는 남편의 성이 덮어씌워졌다. 그리하여 친정에는 아예 신경을 끊어야 했다(는 것은 사실이 아니다).

시부모님이야 높으신 하늘, 멀리 계신 황제처럼 힘을 못 쓰니 어차피 신경 쓸 것 없었지만 자식 된 도리를 다하고자 일주일에 한 통씩 편지를 보내 문안을 드리고 뭘 먹고 어찌 사는지 시시콜콜 보고했다. 나는 그저 가시나무를 짊어지고 스스로 죄를 청함으로써 시부모님의 환심을 사고 싶었다. 뒤늦게 얻은 행복인 셈 치고 말이다.

무릇 세상 남자란 겉보기에는 근엄하고 거칠지 모르나 사실 속마음은 더없이 착하고 어질다. 도량은 넓으나 의지박약한 존재다. 이런 족속을 다루기란 쉽다. 작은 잔꾀만으로도 온 마음을 빼앗을 수 있다.

그 아버지에 그 아들이라서 시아버지와는 금세 편지를 주고받는 사이가 되었다. 나를 사랑하는 마음이 아들 호세를 사랑하는 마음과 조금도 다르지 않았다.

그런데 시어머니는 나와 같은 여자인지라, 나를 알고 적을 아는 것은 물론 하나를 보면 열을 알 수 있었다. 내가 이렇게 소인배인 걸 보면 시어머니도 특별히 고명하신 분일 리는 없었다. 내 점괘가 틀렸다면 뜻밖에도 관세음보살 시어머니가 나타나거나(관세음보살이 여자였는지는 잘 모르겠다만) 아니면 성모 마리아 시어머니를 맞이할 수도 있지만 말이다(이분은 확실히 여자, 게다가 처녀다). 그렇다면 나는 분명 은혜와 자애를 입은 자이리라.

애석하게도 나의 시어머니는 관세음보살도 성모 마리아도 아니었다.

끈질기게 편지를 써 보냈지만 결혼하고 반년이 지나도록 시어머니 답장은 단 한 통도 없었다. 그래도 나는 결코 풀이 죽지 않았다. 시어머니 마음을 훔치려면 한결같은 마음으로 천천히 한 걸음 한 걸음 나아가야 하는 법이니.

며느리 독자 여러분, 당신의 결혼이 이브가 스스로 아담에게 금단의 열매를 따 먹인 식으로 이루어진 거라면 나와 비슷한 상황이다. 그렇다면 내 충고를 새겨들으시길. 시어머니를 대할 때 결코 방심하지 마시라.

그러나 시어머니가 갈비뼈를 빼내 이브인 당신을 만들어 남편에게 보낸 거라면 이 글을 더 읽어 내려갈 필요 없다. 귀한 시간을 낭비할 뿐이다.

(그래도 『공작동남비』孔雀東南飛* 이야기를 기억한다면, 조심하자는 뜻에서 참을성 있게 읽어 주었으면 한다. 가정 파탄을 막는 데 참고가 될 거다.)

그러니까 금단의 열매를 맛본 두 사람은 도리에 어긋나는 행위를 저질렀음을 잘 알기에 일찌감치 세상 끝으로 스스로를 귀양 보내 양을 치며 부부의 삶을 꾸려 나간다.

어느 날은 죽어라 싸우고 또 어느 날은 끔찍이 사랑하고, 이런 식으로 흘러가는 것이 평범한 나날이었다.

친정에 보내는 편지에 봉두난발한 사진과 함께 이런 시구를 적어 넣었다. "헝클어진 머리가 향기로운 풀과 같아, 가고 또 멀어질수록 더 새롭게 자라나네亂髮如芳草 更行更遠更生.**" 사진 속 우리 집은 지옥처럼 황량하고 처참해 보였지만 사실 마음은 천국에 있는 듯 행복하기 그지없었다.

멀리 계신 황제, 늙으신 시어머니는 내가 여기서 온갖 행패와 난동을 부리며 오만방자하게 굴어도 손쓸 방도가 없었다.

자, 이쯤에서 잊어서는 안 될 말이 있다. 먼 옛날 백거이 선

---

* 중국 육조 시대의 장편서사시. 고부간의 불화로 빚어진 가정비극을 그리고 있다. 시어머니 구박을 받다가 결국 쫓겨나 친정으로 간 아내가 재혼을 거부하고 연못에 빠져 죽자, 이 소식을 들은 남편도 마당에 있는 나무의 동남쪽으로 뻗은 가지에 목매달아 죽는다.

** 송 태조 조광윤에게 멸망당한 남당 후주 이욱李煜의 시 「청평락」淸平樂의 한 구절을 각색했다. 원문은 다음과 같다. "이별의 한은 봄풀 같다지만, 가고 또 멀어진다 해도 살아올 수 있을까離恨恰如春草 更行更遠還生."

사랑하는 시어머니

생께서 읊으셨던 몇 구절이다. "언덕 위에 무성한 풀들 해마다 시들었다 다시 피어나는구나. 들불에도 다 타지 않고 봄바람 불면 또다시 돋아나네離離原上草 一歲一枯榮 / 野火燒不盡 春風吹又生.*"

겨울이 찾아오자 이 푸르른 초원의 주인님 호세께서 느닷없는 발언을 하신다.

"이제 곧 크리스마스잖아. 집에 가서 어머니를 뵙자."

이 말을 듣는 순간 감격한 나머지 눈물이 줄줄 흐른다. 나는 발언자를 붙잡고 황망히 묻는다.

"어느 어머니? 당신 어머니, 아니면 내 어머니?"

대답은 이러하다.

"우리 어머니."(겉치레 말도 제대로 못하는 작자 같으니.)

그제야 깨닫는다. 초원에 푸른 풀이 무성하던 시절은 지난 날이 되고 시들어 말라 가는 때가 오고 말았음을!(울음이 터지고 만다!)

12월 초부터 맹장염, 탈장, 위출혈, 기관지염을 앓거나 허리를 삐끗하고 다리를 부러뜨리는 고육계를 써봤자다. 하나하나 해봤지만 12월 20일이 되면 어김없이 작은 여행 가방을 꺼낼 수밖에 없다. 그리고 남편이 등 뒤에서 겨누는 작은 칼에

---

* 당나라 시인 백거이白居易의 시 「부득고원초송별」賦得高原草送別의 앞 구절.

떠밀려 비행기에 오르게 된다. 그냥 영웅답게 희생하자……

우리 집안은 쟁쟁한 법률가 가문이라 나는 어릴 적부터 이 사회에서 일어나는 온갖 범죄를 귀동냥하며 자라 왔다.

게다가 우리 부모님은 진정한 일류 정인군자인지라 늘 이렇게 훈계하셨다. 타향에서 올바르게 처신하려면 먼저 자중자애하고 역지사지하라고, 남의 처지와 심정을 헤아릴 줄 알아야 훌륭한 세계 시민이 될 수 있다고.(법률적 화해 절차의 첫 단계가 바로 이런 식이다.)

그리하여 나는 결혼하고 나서 종종 스스로를 돌아보며 성찰하고 쿠에로 집안의 며느리로서 저지른 온갖 죄상을 낱낱이 헤아려 보곤 했다.

맙소사, 심각한 수준이었다. 민사, 형사 범죄는 물론 친고죄에 이르기까지 갖가지 악랄한 범죄를 저지르고 말았다.

시어머니가 보기에 내가 지은 죄는 간음, 강도, 사기, 불법점유, 납치, 학대, 상해, 가정파괴 등등등등 도저히 처벌을 면할 수 없는 범행이었다.

이를 자각하자 영웅의 기백은 이내 꺾여 버렸다.

그렇지만 며느리 여러분, 겁낼 것 없다. 기왕에 저지른 죄, 아예 더 뻔뻔해지는 거다. 속이 켕겨도 혼자만의 비밀로 묻어두고 시어머니께 끝끝내 들키지 않으면 된다.

사랑하는 시어머니

자, 생각할수록 분명해지며 퍼뜩 깨닫는 바가 있으리라. 우리의 시어머니는 마음속 깊고 깊은 밑바닥부터 사무치는 원한을 품고 있다. 우리의 상상력은 믿을 만하니 의심하지 말자. 시어머니는 우리를 증오한다. 틀림없다. 시어머니는 우리의 '가상의 적' 제1호다. 시어머니에게 향하는 비행기 안에서부터 적의 대략적인 이미지를 머릿속에 그려 놓아야 한다.

'가상의 적'이 탄생했다면 이제 순진함 따위는 버리자. 적은 CIA중앙정보국일지도 모른다. 그러면 우리는 FBI연방조사국이 되는 거다. 어찌 됐든 한 가족이라고 여기며 방심해선 안 된다. 정보국과 조사국 모두 같은 국局이지만 '사기 국면局面'을 펼칠지 '도박 국면'을 펼칠지는 알 수 없으니.

마드리드에 도착해 비행기에서 내렸다. 사전에 통지하긴 했지만 꽃다발을 건네며 죄인을 영접할 사람이 있을 리 없다.(사복 경찰이 수갑을 들고 기다리지 않는 것만 해도 커다란 행운이다. 냉큼 가서 복권이라도 사자.)

공항에서 나는 목이 마르다고 주장하며 일단 카페에 가 앉았다. 탄산수 석 잔을 마시며 꾸물거려 보았지만 결국 떨떠름하게 택시에 올라야 했다.(도대체 이 탄산수에는 왜 대장균도 없는 거냐, 급성 장염으로 입원하면 문병객도 안 올 텐데!)

마침내 나는 시어머니의 멋들어진 아파트 문 앞에 섰다. 두

다리가 살짝 후들거렸다. 여행 가방을 내려놓고 긴장한 목소리로 호세에게 말했다.

"벨 눌러, 어서! 나 왔다고 해!"

아들로 돌아온 이 남자는 아내의 정신 상태 따위는 당연히 무시한다. 그는 가지고 있던 열쇠를 꺼내 스스로 문을 열고 들어간다.(탕자가 회개하고 돌아오니 그 어떤 황금으로도 꾀어낼 수 없구나!)

그는 끝이 보이지 않는 복도로 성큼성큼 걸어 들어가며 소리친다.

"엄마, 아빠, 저희 왔어요!"

이 순간, 아무리 간이 크다 해도 나는 이 경계선을 감히 뛰어넘을 수가 없다. 어색한 미소를 장착한 채 문 밖에 서서 카운트다운을 시작할 뿐이다. 7—6—5—4—3—2—1……

별안간 복도 끝에서 힘차게 달려오는 대부대가 눈에 들어온다. 시아버지가 선두에 서고 시어머니는 다음 줄, 여동생이 깍깍거리며 밀치고 나오고 큰형과 작은형은 뒤에서 팔을 활짝 벌리고 달려온다(몽땅 털보다).

때가 왔으니 운명에 맡길 수밖에. 나는 마음을 다잡고 마주 달려든다. 그나마 안전해 보이는 시아버지 품속으로 뛰어들어야지. 그런데 난데없이 시어머니 품에 꽉 안기고 만다. 시어머니는 싱글벙글 웃으며 나를 요모조모 뜯어보신다.

'가상의 적'은 과연 대단한 고수다. 단단히, 빈틈없이 대비해야 한다.

쿠에로 집안의 새로운 며느리는 이렇게 시집으로 끌려 들어간다.

"아버님 어머님, 제가 정말 면목이 없네요. 용서해 주세요."(주의사항, 반드시 '제가'라고 해야 한다. '저희'가 아니다. 아들은 납치당한 거라 죄가 없다.)

중국 시어머니를 만난다면 상황은 더욱 처참하다. 문 안에 발을 들이자마자 무릎 꿇고 이마가 땅에 닿도록 조아려야 한다. 그러나 너무 걱정 마시라. 차가운 눈까지 맞혀 가며 며느리를 얼어 죽게 만들 작정은 아닐 테니. 시어머니가 진정한 고수라면 알아서 며느리를 일으켜 주리라.

'가상의 적'을 부르는 호칭은 '어머니'다. 차마 입이 안 떨어져도 어떻게든 입 밖에 내야 한다. 더 내키지 않겠지만 '엄마'라고 불러도 된다. 이거야말로 진정 친근한 호칭이다. 겉치레 말에도 신경 써야 하는 법이다. 설마 시어머니를 '쿠에로 부인'이라고 부르진 않겠지?(그렇다면 1차전은 너의 패배야, 이 얼간아!)

안으로 들어왔으니 적진을 이리저리 탐색한다. 모든 게 깔끔하고 가지런하다. 창문은 반질반질, 욕실은 새하얗고 베란다 화초는 싱그럽다. 침대보는 각이 딱딱 잡혀 팽팽하고 부엌 식기는 반짝반짝 빛난다. 퇴직한 시아버지 차림새는 단정하고 고상하고 시아주버니들 바지에는 칼주름이 잡혀 있으며 시누이는 상냥하고 예의 바르다. 모든 것을 낱낱이 눈에 새기며 시어머니 진영을 슬그머니 평가해 보니 적의 내공은 또 한 단계 올라간다. 심호흡을 하고, 페더급 몸집으로 헤비급과 맞서 싸울 준비를 한다.(시어머니는 우리의 적이다. 절대로 잊지 말자, 절대로, 와신상담!)

그렇다, 우리가 내 집이나 진짜 '엄마' 집에 있다면 오후 1시까지 늘어져라 자도 된다. 남편 반찬은 맹물에 간장이나 타주면 되고 빨래는 일주일에 한 번도 안 해도 괜찮다. 남편 머리칼을 쥐어뜯고 정강이를 걷어차고 지갑을 마음껏 털고 기타 등등 아무리 행패를 부려도 응징이란 없다.

그러나 공교롭게도 지금은 적진에 들어와 있다.(시어머니가 며느리에게 원한을 품었다고 선포할 리 없으니 우리도 가설을 견지하며 조심스레 증거를 수집해야 한다.)

해하려는 자가 먼저 수를 쓰는 법이니 방어하는 자는 결코 경계를 풀지 말지어다. 함정과 덫이 곳곳에 도사리고 있다.

머리가 안 돌아가는 적이라면 며느리가 시집에 발을 들이는 순간 커다란 꽃병을 내던지고 머리가 깨져 피가 철철 흐를 만큼 두들겨 팰 것이다. 바라던 바다. 그러면 문을 박차고 뛰쳐나가 그대로 내빼면 되니까. 군자의 복수는 3년이 걸려도 늦지 않는 법이다. 다만 원죄는 우리에게 있으니 양심이 있다면 진단서를 끊어 상해죄로 고발하지는 말자. 똑같이 격 떨어지는 행동이다!

하지만 나의 적은 그 반대였다. 나의 시어머니는 훨훨 나는 경지라 폭언도 폭행도 없었다. 그러니까 더 오싹했다. 시어머니가 건넌 다리만 해도 내가 걸어온 길의 절반이 넘는다는 사실을 똑똑히 보았다. 이럴 때는 옛 책을 하나하나 떠올려 봐야 한다. 『손자병법』, 『삼국연의』, 『수호전』, 『홍루몽』, 『서유기』 등 훌륭한 책 속에는 좋은 방법이 많고 『효녀경』과 『주자가훈』은 역효과만 내지만 필요에 따라 뒤적여 볼 만하다. 시어머니를 대하는 방책이란 어떠한 것인지 책 속 곳곳에 선례가 있다.

시가에 머무르는 동안 내가 대면하는 이는 나를 죽도록 증오하는 사람임을 한시도 잊지 않았다. 여러분도 느슨해지지 말고 단단히 명심하시길.(나는 다 속셈이 있다. 하하!)

시가에서는 결코 무방비 상태로 지내서는 안 된다. 손님으로 와 있다 해도 절대 잊지 말지, 우리는 역시 며느리라는 사실을.

 아침에 시어머니가 일어나 욕실에 가는 소리가 들리면 벌떡 일어나 세수하고 옷 입고 단장하고 나가는 거다. 적이 걸레와 빗자루를 차지하기 전에 선수를 치고 안 되면 빼앗기라도 해야 한다. 그리고 집을 깨끗이 청소하자, 티끌 하나 없도록.(적에게 꼬투리를 잡히면 안 된다!)

 그렇다. 시가에서 지내며 시부모님과 시누이에게야 물론 웃는 얼굴을 보였지만 호세에게만은 본색을 여지없이 드러내곤 했다. 나는 혼자 욕실에 있을 때마다 나 자신을 가만히 타일렀다. '호세한테 그러면 안 돼, 그는 지금 시어머니 것이야. 함부로 대했다간 시어머니에게 두들겨 맞을지도 몰라.' 하긴 코흘리개도 다 아는 이치다. 비밀이랄 것도 없다.

 여러분이 내 말을 귀담아듣는다면 시어머니 앞에서 남편을 막 대하지 않으리라, 얻어맞을 수도 있으니까. 혹은 너무 진지하게 받아들여 이런 생각을 할지도 모르겠다. '좋아, 그렇다면 시어머니 아들에게 무지무지 다정하게 대해 주자. 난 원래 그이를 사랑하잖아! 이러면 가상의 적과 화해할 수 있을지도 몰라.'

 신세대인 당신, 당신이 말하는 그 다정함을 어떤 방식으로 표현하려 하는지 물어도 될까? 당신이 너무나 자연스럽게 남편에게 기대 텔레비전을 보는 모습이 시어머니에게는 얼마나 풍기 문란해 보일지 생각해 보셨는지?

　한 가지 더 묻는다면 시어머니가 시아버지 무릎에 앉아 케이크를 드시는 모습을 본 적 있는지? 당연히 없겠지?

　그렇기에 나는 시어머니 면전에서는 절대로 호세 무릎에 앉지 않았다. 그를 등받이 삼아 기대지도 않았다. 입맞춤은 더더욱 금물, 그대로 사형감이다.

　아니, 아예 텔레비전조차 보지 말자. 영화가 방영되는 한가로운 오후 시간에 며느리는 부엌에 처박혀 기름투성이 설거지거리나 한가득 마주하고 있는 게 제격이니까.

　부엌에서 한나절을 고생하다 나왔더니 시아버지는 낮잠을 주무시고 시누이와 시아주버니들은 모두 나가고 없고 시어머니는 사랑하는 아들과 텔레비전 앞에 앉아 이야기를 나누고 계시다. 당신은 주춤주춤 다가가 슬그머니 앉아 보지만 시어머니는 눈길 한번 주지 않는다. 다시 가만히 남편 옆으로 다가 앉아 끼어들어 보려 하자, 남편은 흠칫 몸서리치며 아주 살짝 그러나 잽싸게 몸을 피한다. 예민하다면 알아차렸으리라. 알고 보니 당신은 문둥병 환자였다!

　이 순간 뚜껑이 열려선 안 된다. 사랑하는 남편을 샌드위치 신세로 만들어 봤자 남편만 고생시키는 거다. 당신이 물러나야 한다. 상처가 크겠지만 언젠가는 시시비비를 가릴 날이 올

것이다.(어쩌다 있는 일이니 그걸로 너무 기운 잃지 말자.)

시키는 사람이 없다 해도 신경 쓰자. 아마 아침 7시부터 일어나야 할 거다. 적을 졸졸 따라다니며 청소하고 침대 정리하고 장 봐다 다듬고 밥 하고 상 차리고 나면 또다시 설거지거리가 산더미다. 친정에서 지내던 습관도 있고 피곤하기도 하니 시아버지를 따라 낮잠을 자고 싶겠지만, 적이 눈을 부릅뜨고 있는데 잠을 잔다? 너무 위험한 일이다. 작은 것을 탐하다가 큰 것을 잃는 수가 있다. 그러니 베란다로 가서 빨래나 걷고 다리미판을 찾아 부엌에서 어여쁜 시누이의 청바지나 빳빳하게 다려 놓자. 공부에 연애까지 하느라 바쁜 시누이 일거리라도 덜어 주는 거다.

시어머니는 우리에게 가장 위험한 적이다. 우리의 결혼 생활이 해피 엔딩을 맞을지 새드 엔딩을 맞을지는 시어머니에게 달렸다고 해도 과언이 아니다.(세상 어떤 아들이 자기 어머니를 사랑하지 않겠는가?)

시어머니에게는 이오카스테 콤플렉스*가, 우리의 남편에게는 오이디푸스 콤플렉스가 있다. 이는 천지간 자연의 섭리다.

---

* 어머니가 아들에게 심한 애착을 느끼는 증상. 자신도 모르게 친아버지를 살해하고 친어머니 이오카스테의 남편이 된 오이디푸스 이야기에서 연원한 이론이다. 오이디푸스 콤플렉스는 그 반대 증상이다.

사랑하는 시어머니

이를 인정하려 들지 않고 사람의 힘으로 벗어나 보겠다고 기어이 우긴다면 심리학의 거장 프로이트 선생에게 한번 물어보길 권한다. 그 후폭풍은 상상 이상으로 끔찍할 거다. 나도 최면술을 좀 배워 봤지만 이 병을 고치기엔 무리였다.

옷을 다 다리고 나니 어느새 불빛 찬란한 도시의 밤이다. 사막에 오래 살았으니 차량이 홍수를 이루고 한껏 꾸민 젊은이들로 벅적한 번화가로 나가 떠들썩하게 즐기고 싶어진다. 번쩍이는 네온사인을 보며 문명의 세례를 맛보고 싶다.

슬쩍 한번 말을 꺼내 볼까.

"호세랑 바람 좀 쐬고 와도 될까요?"

시어머니 대답은 이러하겠지.

"오전에 나갔다 왔잖니. 왜 또 나가게?"

그래도 정색하고 이렇게 말대꾸하지는 말자.

"오전에는 어머니랑 장 보러 간 거잖아요. 바람 쐰 게 아니죠."

신경질을 부려서는 더더욱 안 된다. 외투를 걸치고 몰래 밤마실을 나가서도 안 된다.

적을 존중하고 충돌은 되도록 피하자. 자멸하지 않으려면 가장 명심해야 할 부분이다. 어쨌거나 시어머니 앞에서 며느리는 페더급 허수아비에 지나지 않으니.

크리스마스가 기어이 닥쳐온다. 시어머니는 사흘 전부터 참석 인원을 점검한다. 시아버지와 시어머니, 딸 다섯에 아들 셋, 사위 넷에 며느리 하나, 이모 둘, 숙부와 숙모, 사촌들, 큰아들의 외국인 여자 친구, 막내딸의 프랑스어 선생님, 빽빽거리는 외손주 열네 명도 모두 참석…… 서른일곱 명이나 되는 행복한 대가족이다.

"올해 크리스마스 음식은 새사람이 하자꾸나. 탕수육, 잡탕밥, 닭볶음 맛 좀 보고 싶네."

가족회의가 열리고 다들 얼싸절싸하는 가운데 만장일치로 통과된다. 나는 심장이 쿵쾅거리다 못해 입 밖으로 튀어나올 지경이다. 호세를 힐끗 보니 추리소설에 머리를 처박고 있다. 눈도 귀도 다 멀었구나.

그제야 비로소 깨닫는다. 나의 사랑하는 남편은 닭이 울기 전에 세 번이나 주님을 부인한 예수의 제자 베드로라는 걸.

12월 23일, 새벽부터 일어나 커다란 장바구니 세 개에 작은 손수레까지 끌고 대부대를 먹일 식량을 사러 가야 한다.

시어머니를 보니 바닥에 꿇어앉아 산더미 같은 식기를 정리하신다. 몸을 돌려 시누이를 찾지만 코빼기도 보이지 않는다. 그래, 새벽부터 나가 남자 친구 만나고 오후에는 학교에 가야겠지.

사랑하는 시어머니

살그머니 방으로 들어가 장화를 갈아 신는 척하며 사랑하는 남편을 바라본다.(남편은 아직도 침대에서 웅크리고 있다.)

"같이 가서 장바구니 좀 들어 줄래?"

이때 시어머니가 딱 오시고, 때맞춰 베드로가 된 남편은 큰 소리로 대답한다.

"혼자 가, 남자가 무슨 장을 보러 가!"(두 번째로 주님을 부인하는 베드로.)

남편을 원망하지 말자. 어머니 앞에서 감히 어떻게 우리의 노예가 될 수 있겠는가?

어쩔 수 없이 혼자 성큼성큼 시장에 간다. 습관대로 양손을 주머니에 찔러 넣을 수가 없다. 걷는데 빈 장바구니가 자꾸 걸리적거린다. 그러나 지금 궁지에 몰렸다 해도 머리는 꼿꼿하게 쳐들고 가슴은 쫙 펴자. 그러면 그 뜨겁고 짭조름한 액체는 뱃속으로 역류해 곱게 그린 눈 화장을 망치지 않을 거다.

사실상 패배한 것처럼 보일 수도 있다. 그러나 이번 판, 도박 국면은 아직 끝나지 않았다. 누가 이길지는 끝까지 가봐야 아는 일이니 벌써부터 맥 빠져 있지 말자. 부디, 제발!

12월 24일, 크리스마스이브. 새벽같이 일어나 보니 시어머니는 벌써 머리 손질을 하러 나가셨다. 시아버지는 평소처럼 산책하러, 시누이는 남자 친구 만나러, 큰형은 스키 타러, 작은형은 어디론가, 호세는 동창을 만나러 나가서 집 안이 텅텅 비었다.

나머지 한 떼의 영웅호걸이 밤에 아이들을 이끌고 오면 온 가족이 한 자리에 모여 축복을 나누겠지.

앗, 절호의 기회 아닌가. 이때를 놓치면 언제 또 기회가 올지 모르니 백화점에 가서 새 옷을 사고 기분전환이나 할까.

아니아니, 안 될 일이다. 잊었는가, 오늘 밤 굳건히 버티고 서서 서른일곱 명의 크리스마스 만찬을 커다란 프라이팬 두 개로 해내야 한다는 사실을. 기쁜 나머지 너털웃음이 터져 나온다. 세상에, 적 앞에 위풍당당하게 나설 이렇게 좋은 기회가 또 있을까? 우리는 약하지 않다. 우리의 실력은 적에게 뒤지지 않는다. 이 기회에 적의 기세를 꺾고 위세를 떨치는 거다. 지금 공격하지 않으면 언제 때가 오겠는가?

팔에 힘이 없어 이 산더미 같은 고깃덩이를 자를 수 없다는 생각은 하지 말자. 넉 달 전에 부러졌다 겨우 붙기 시작한 발목 생각도 하지 말자. 크나큰 지혜를 되새기자 — 육신의 연약함은 한때지만 정신의 승리는 영원하리라.

다른 말로 비유하자면, 체력은 이미 '끝없는 숲의 낙엽처럼 우수수 떨어졌다 해도 無邊落木蕭蕭下' 의지는 오히려 '가없는

사랑하는 시어머니

장강의 물처럼 넘실넘실 흐르리니不盡長江滾滾來.*

"내가 왜, 도대체 무엇 때문에"라고 아직까지 지겹도록 자문하고 있다면 당신이라는 허수아비는 진정 텅 빈 가마니다.

왜냐고? 바로 우리 자신을 위해서다.(나는 이렇게 고기를 많이 먹지도 않는다.) 다시 한번 말한다. 혼자서는 다 먹지도 못할 어마어마한 음식을 만든 고생은 나중에 결실을 맺으리라.

스스로를 위하지 않으면 결국 천벌을 받는 법人不爲己 天誅地滅. 크리스마스는 1년에 한 번뿐이다. 사막으로 돌아가면 상황은 완전히 달라진다. 나의 멋진 남편은 더더욱 듬직하고 사랑스러운 남자가 되리라. 이번 판은 절대 밑지지 않는 장사다!(『홍루몽』을 떠올려 보자. 결국 가보옥을 차지한 사람이 누구지? 임소저를 따라 할 생각은 하지도 말자. 그토록 사랑했건만 그녀는 끝내 죽음의 길을 가고 말지 않았는가!**)

고요한 밤 거룩한 밤. 마침내 요리가 하나씩 하나씩 상에 오르고, 서른여섯 명이 둥그렇게 모여 앉아 더없이 행복하게 만찬을 즐긴다.

새사람은 다들 잊어버렸다. 뭐 나쁘지 않다. 가상의 적이 처

---

* 시성으로 추앙받는 당나라 시인 두보杜甫의 시 「등고」登高의 한 구절.
** 청나라 때 조설근曹雪芹이 지은 장편소설. 가씨 집안 귀공자 가보옥은 아름답고 병약한 사촌누이 임대옥을 진심으로 사랑하지만 활달하고 건강한 설보채와 혼인하게 되고, 임대옥은 충격과 절망으로 죽음을 맞는다.

음으로 긴장을 늦추었으니 나도 초조하게 뒤쫓지 않아도 된다. 느긋한 마음으로 간장 설탕 마늘을 팍팍 뿌리다 보면 '내 집에서' 마음껏 날뛰던 호시절로 돌아간 기분도 좀 들지 않겠는가.

바깥에서 샴페인이 터지기를 기다려 슬그머니 사람들 틈에 끼어든다. 손에 묻은 기름때를 닦고 호세의 잔을 들어 단숨에 들이켠다. 이 남자는 아내가 곁에 온 줄도 모른다.(침착하자. 성경에서 베드로는 세 번이나 주님을 부인했다. 새벽닭이 울자 비로소 잘못을 뉘우치고 얼굴을 감싸고 통곡했다. 그때 예수님은 베드로를 자애로이 바라보실 뿐 꾸지람도 호통도 없었다고 한다. 그러니 호세를 나무라지 말자. 그 또한 스스로 회개하고 뛰쳐나가 통곡하리라. 보복이 없진 않을 것이다, 때가 오지 않았을 뿐.)

인자하신 시아버지가 이리저리 두리번거리더니 구석에 있는 며느리를 끌어내 얼싸안는다. 그러고는 대가족 앞에서 소리 높여 외친다.

"오늘의 요리사, 만세, 만세, 만만세!"

기쁨에 겨워 처지를 잊고 우쭐대거나 함께 만세를 외쳐선 안 된다. 시아버지는 한평생 고생해 온 시어머니에게는 한 마디 칭찬도 건넨 적이 없다. 오늘 며느리를 추켜세운 것은 시아버지의 인품이자 수완이다. 이때는 과감하게 물러나자. 빈 그

사랑하는 시어머니

릇을 가득 안고 부엌으로 사라지는 것이 상책이다. 사람들과 어울려 거실에서 미친 듯이 춤출 생각은 하지도 말자. 시어머니가 식탁과 의자를 힘들게 정리하고 계시지 않나. 시작을 했으면 마무리도 해야 하는 법, 그동안의 노고를 이 순간 시어머니께 빼앗길 수는 없다.(잊지 말자, 양자리에 태어난 나 같은 여인은 약탈이 곧 습성임을.)

헤비급 적에게 맞서려면 방법은 이유극강以柔克剛*뿐이다. 달걀로 바위를 쳐봤자 소용없다.

고요한 밤이여! 나에게 고요한 잠을 달라! 허수아비는 지쳐 쓰러지고 속을 채운 마른 풀들은 이미 산산이 흩어져 버렸도다!

나는 눈을 감고 얼음장 같은 설거지물 속에서 한 마리 한 마리 양을 헤아린다.

사랑하는 사막, 그립고 그리운 나의 사막! 하루 빨리 돌아가고 싶은 마음뿐이다.

음악이 멈추자 헤어질 시간이다. 나는 다시 손을 닦고 나와 집에 돌아가는 시누이들과 작별 인사를 나눈다.

"우리 집 새 수영장 꼭 보러 오는 겁니다. 호세가 내일 부모님 모시고 같이 온다고 했어요."

---

* '부드러운 것으로 강한 것을 이긴다'는 노자의 말.

셋째 시누이의 남편이 하는 소리다.(한겨울에 수영장을 보러 오라고?)

"내일이요? 저는…… 친구들이랑 약속이 있는데요. 전에 같이 살던 친구들 좀 만나야 돼요."

황급히 거절하자 둘째 시누이가 끼어든다.

"안 돼, 안 돼, 누나 집에도 한번 안 오겠다고? 약속은 무슨, 전화해서 취소해."

"자, 더 이상 잔말 말고 순서나 정하자. 우리 네 자매가 한 팀, 이모 두 분이 한 팀, 숙부 숙모가 한 팀 이렇게 하루씩 나누자. 우리 중국요리 배우고 싶거든."

"저…… 호세, 우린 26일에 돌아가는 거 아니었어?"

"하! 이 형님께서 진작에 손써 놨죠. 호세는 독감에 걸린 겁니다. 여기 진단서도 다 떼놨어요, 헤헤, 내년 1월 6일까지 느긋하게 놀다 가시면 됩니다."

시아주버니와 제수는 남녀유별한 사이다. 시아주버니가 물에 빠진 제수씨를 구해 줄 리 없다. 나는 급히 호세를 돌아보며 눈빛으로 소리친다— 살려 줘!

무시무시한 이중인격자 베드로는 또다시 아내를 부인한다.(닭이 운 지도 한참이건만 이미 세 번을 부인하고도 어찌 뛰쳐나가 통곡하지 않는단 말이냐, 베드로야! 베드로야!)

사랑하는 시어머니

가상의 적이 미소 띤 얼굴로 당신을 바라본다. 그렇다고 베드로 대신 뛰쳐나가 통곡해선 안 될 일, 역시 활짝 웃는 얼굴로 화답하는 수밖에 없다.

담판하랴 전쟁하랴, 죽어라 피곤할 뿐 도저히 당해내질 못하겠다. 그리하여 머리로 벽을 들이받는 대신 즉시 '평화 회담'을 열기로 한다.

이 대가족의 마구간에는 갖가지 현대적 준마를 열한 필이나 기르고 있다. 하지만 이어지는 '가족 방문' 길에 쓰라고 내주는 이는 아무도 없다. 호세를 따라 도시쥐마냥 땅 밑에 들어갔다 땅 위로 올라왔다 지하철과 버스를 오르락내리락하느라 정신없다. 게다가 날마다 동포의 외식 사업까지 방해하고 있다. 오늘은 둘째 시누이 집에 가서 출장 요리를, 내일은 숙모 집에 가서 뷔페식을 선보이느라 타이완에서 가져온 요리책은 어느새 너덜너덜하다.

차디찬 한밤중에야 적의 집으로 돌아온다. 갑자기 거칠어진 두 손을 보노라니 그 손으로 남편의 목을 졸라 버리고 싶은 충동이 치민다. (침실 문을 잊지 않고 잘 잠근 다음) 달려들 준비를 하는데 나의 호세가 한 박자 빨리 소리친다.

"뭐 하는 거야? 당신 미쳤어?"

"그래, 미쳤다. 너희 집에 들어오고 나서 나는 어디론가 사라져 버렸어. 내 남편도 사라지고 그저 적군만 가득해. 정신없이 싸우느라 힘들고 지쳐서 미쳐 버렸다……."

"다들 당신을 얼마나 사랑하는데. 나도 사실 깜짝 놀랐다고. 그런데도 불만이야? 봐, 날마다 당신이 만든 풀떼기를 먹으면서 불평 한마디 없잖아. 그런데 은혜를 원수로 갚아, 이 양심 없는 여편네야."

그래, 막장 드라마는 그만 찍자. 불 끄고 안정제나 한 알 먹고 자명종 맞추고, 마른 풀 몇 오라기나마 잘 덮고 자는 거다. 꿈속에서 흘린 눈물이 골짜기를 이루어 내 몸을 사막으로 흘려보내 주리라.

(베드로야, 베드로야. 잊지 말지어다. 너는 훗날 십자가에 거꾸로 못 박혀 참혹하게 죽으리.)

가상의 적은 크리스마스 며칠 뒤에야 선물을 하나 사 와서 내게 건넨다. 그렇다고 내가 진 것은 아니다. 적의 침대에는 이미 사막에서 가져온 알록달록 화려한 침대보가 잘 깔려 있으니까.(헤헤, 역시 선수를 쳐야 유리하다.)

그 성스러운 선물이란 『스페인 춘하추동 요리대전』이라는 엄청나게 두꺼운 책이다.

외국 예절을 잊어선 안 된다. 선물을 열자마자 곧바로 감탄하고 감격하고 찬사와 감사를 퍼부어야 한다. 그러면 적은 미소를 지으며 이렇게 말한다.

"어서 와서 어머니한테 입 맞춰 주려무나."

망설이지 않고 냉큼 가서 시어머니의 뺨에 꼬옥 입을 맞춘다.(다행히 핏자국은 남지 않는다, 립스틱을 안 발랐기에.)

"서양 요리도 배워야지, 호세가 너무 야위었잖니. 고향 음식도 제때제때 먹여야 한다."(우리에게 고향 음식이란 낙타 고기인데.)

새해가 지났다. 다가오는 찬란한 일요일이 바로 1월 6일이다. 그렇지만 너무 순진하게 굴면 안 된다. 아직 새장을 완전히 벗어난 게 아니다. 퍼덕퍼덕 시끄러운 날갯짓은 금물이다. 가상의 적은 노쇠하지도 귀가 먹지도 않았다.

나날이 비통해하는 적을 보며 나는 투명인간이 되어 그 앞에서 사라지고픈 마음이 간절했다. 또다시 납치 사건을 한바탕 펼치고 싶지는 않았다.

적의 막내아들은 사실 그토록 일찍 둥지를 떠날 필요가 없었다. 나, 갈매기 조나단이 그를 꾀어내 100세기나 떨어진 시간 밖으로 데려간 것이다. 늙은 어미 새의 마음이 얼마나 쓰라렸을까.

원죄는 내게 있다. 그러니 적이 나를 증오하는 것도 다 내 탓이다.

고요한 한밤중, 나는 살그머니 일어나 지갑을 열고 비상금을 세어 본다. 아직 1만 페세타는 남아 있다.

다음 날 아침에 일어나 나가 보니 시어머니가 냉장고에서 소고기를 꺼내 해동하려 한다. 점심거리겠지.

나는 시어머니에게 다가가 뒤에서 허리를 끌어안으며 말한다.

"어머니, 저희 와 있느라 너무 힘드시죠. 오늘은 아들한테 나가서 해산물이나 먹자고 하세요. 다 같이 외식해요, 네?"

이런 말을 할 때는 절대 가식적이어선 안 된다. 적이 얼마나 치밀한 인물인데 말투나 표정만으로 속아 넘어갈 리가?

그러니 한 가지 방법을 일러 주겠다. 내숭을 떨며 시어머니 마음을 이해하는 척할 필요가 전혀 없는 방법이다. 우리에겐 풍부한 상상력이 있지 않은가? 우리의 천재성을 이때 아니면 또 언제 쓰랴? 눈을 감고 마음을 다잡자. 시어머니가 오래전 헤어진 '엄마'라고 '상상'하자. 정신을 집중해 현실에서 환상 속으로 들어가는 거다. 그러면 어느새 마음이 부드러워지며 시어머니를 사랑하게 되고 진심 어린 말이 흘러나오리라. 이때 우리 마음을 줄곧 차지했던 '진짜 엄마'는 잠시 마음 한구석으로 밀어 넣고 뛰쳐나오지 못하게 해야 한다.

이런 작은 마술이면 적의 눈을 가릴 수 있다.

사랑하는 시어머니

시부모님은 큰 부자는 아니지만 스페인 남부 안달루시아에 올리브나무 몇 그루를 갖고 있다. 가난하지도 않지만 천성이 검소하여 외식하는 일은 좀처럼 없다. 그런데 모처럼 아들이 한턱낸다고 하니 어찌나 좋아하시는지.

다른 형제자매는 식당에서 만나기로 하고 우리 부부가 시부모님을 모시고 간다. 호세는 시어머니 팔짱을, 며느리는 시아버지 팔짱을 끼고 가는 모습은 아무리 봐도 화목하기 그지없는 가족사진이다.

우아하고 기품 있는 시어머니에 당당하고 위엄 있는 시아버지, 시원스레 잘생긴 남편. 오로지 36인분 성찬을 차리느라 지친 며느리만이 내내 칙칙하게 죽어 가는 얼굴빛이다. 고왔던 장밋빛 두 뺨은 언제나 돌아올까나.

바닷가재, 대게, 참새우, 대합에 연어까지 다들 마음껏 먹는다. 그런데 이곳은 타이완의 야시장 화시제華西街가 아니다. 이곳은 마드리드 번화가에서 가장 유명한 해산물 레스토랑이다!

잠자고 있던 속물근성이, 허영심이 또다시 발동한다. 머릿속으로 이리저리 계산해 본다. 사막에서 오매불망 그리던 새 옷이 탁자 위에 펼쳐져 있고 사람들은 그 새 옷을 야금야금 먹고 있다. 단추 하나, 지퍼 한 줄, 붉은 옷자락, 소매 한 짝을 먹어치우고 이제 가죽 허리띠까지…….

속 쓰려하지도 초조해하지도 않으리. 천하제일이라 자부하던 나인데 설마 산수 실력이 초등학생만도 못할까?

잘 계산해 보자. 나의 훌륭한 남편에게 시어머니는 아홉 달을 배에 품고 피와 살을 주셨다. 20년 넘게 먹이고 입히고 가르치고 병구완에 소년 법정까지 서가며 고생고생해서 키우셨다. 그러느라 시어머니가 비자금을 얼마나 터셨겠는가? 시아버지는 올리브나무를 얼마나 파셨겠는가?

다시금 호세를 바라본다. 이렇게 멋진 남자를 해산물 한 상값에 얻은 셈이다. 이게 밑지는 장사인가, 남는 장사인가?

다시 한번 마음을 다잡고 나의 친부모님을 떠올려 본다. 그분들이 나를 얼마나 금이야 옥이야 키우셨던가. 그러니 다른 부모님도 그분들의 귀한 자식을 똑같이 애지중지 키우지 않았겠는가?

생각하다 보니 뜨거운 눈물이 왈칵 쏟아지려 한다. 친부모님 은혜에 보답할 수 없다면 참새우 몇 마리를 집어 호세 부모님 접시에 놓아 드리는 것도 똑같은 보답이 아니겠는가?(아니, 이건 불공평하다. 더 이상 생각하고 싶지도 새우를 집고 싶지도 않다.)

호세만큼은 이런 아내 마음을 알아주길 바랄 뿐이다. 이렇게 그를 일깨워 우리가 각자 양가 부모님을 위해 목숨을 바친

사랑하는 시어머니

다 해도 부족하고 또 부족할 뿐이다만!

(세상에는 여자한테 목숨 거는 남자, 남자한테 목숨 거는 여자밖에 없다. 부모를 위해 목숨 거는 효성스러운 자식? 등불을 들고 사방팔방 찾아다녀 본들 나올 턱이 없다.)

떠날 때가 왔다. 짐을 꾸린다. 옆에서 시누이가 서운해 어쩔 줄 모른다. 이번에는 자매의 정을 발휘해 시누이를 친동생으로 상상하기로 한다. 내 예쁜 옷을 나눠 줘야 하나? 그러지 뭐.

사랑에 눈뜬 이 소녀는 변변한 옷이 없었다. 부모님이 너무 엄격하셨다. 그래서 어쩔 수 없이 옷 대신 남자 친구를 갈아치우곤 했다.

이는 자매의 깊은 정 때문이 아니다. 앞날을 위해 한발 물러나는 것일 뿐이다. 언제일지는 몰라도 싼마오별이 서쪽 하늘로 떨어지는 날이 오면 엄마 잃은 어린아이는 어여쁜 고모에게 부탁해야 할 테니. 호세는 새로운 행복을 찾아가라 하고 말이다. 이 일보후퇴는 큰 그림을 위한 사전포석이다. 일이 코앞에 닥쳐서 허둥지둥해서는 안 될 테니까.

마침내 이별의 순간이 도래했다. 심장이 1분에 150번씩 뛴다. 대범하신 시아버지는 아들 며느리가 떠나든 말든 평소처럼 산책하러 나가신다. 배웅 따위는 없다.

시어머니 낯빛은 꽁꽁 얼어붙은 거대한 설산 같다. 니, 이

죄인은 석고대죄하는 심정으로 쿠에로 집안에 발을 들였다가 또다시 석고대죄하는 심정으로 쿠에로 집안을 나선다. 모순된 상황, 가책과 회한이 뒤섞여 감히 고개를 들지 못한 채 쪼그리고 앉아 장화를 신는다. 그 자세가 꼭 적에게 무릎 꿇는 꼴이다.

시누이가 장대비를 무릅쓰고 내려가서 택시를 잡는다.(차가 있는 사람은 몽땅 출근해서 아무도 태워다 주지 않는다.)

시누이가 뛰어 올라와 소리를 지른다.

"빨리 나와요, 택시 왔어요!"

나는 초긴장 상태다. 문을 박차고 뛰쳐나가고 싶다. 감정이 격해진 적이 갑자기 폭발해 흉포하게 날뛸 것만 같다.

택시가 왔다는 말에 시어머니는 더 이상 참지 못하고 남은 목숨을 다 쥐어짜 화살처럼 돌진해 온다. 나는 꼼짝 않고 서서 폭풍처럼 갈기는 따귀를 영접할 준비를 한다.(왼쪽 뺨을 맞으면 오른쪽 뺨도 내주고 절대 받아치지 않으리라. 여기서 반격한다면 어찌 영웅이라 하겠는가?)

나는 눈을 질끈 감고 이를 악물고 적이 공격해 오기를 기다린다. 그런데 적은 느닷없이 나를 꼭 끌어안는다. 그리고 흐느껴 울며 떨리는 목소리로 이렇게 말하는 것이 아닌가.

"아가! 빨리 돌아와야 한다! 사막은 너무 고생스럽잖니. 여

사랑하는 시어머니

기가 네 집이야. 전에는 엄마가 널 오해했지만 이제 정말 사랑한단다."

(독자 여러분, 자세히 보시길. 적이 비로소 스스로 '엄마'라 일컬었다, '어머니'가 아니라.)

가상의 적이 나 때문에 울다니. 나는 시종일관 방어만 했을 뿐 그 어떤 공격도 하지 않았는데 도대체 왜 우는 거지?

시누이와 호세가 다가와서 시어머니 팔을 억지로 푼다.

"엄마, 이러지 마세요. 차 떠나겠어요. 얼른 놓으세요."

나는 그제야 시어머니 품에서 비집고 나온다.

이번에도 나는 머리를 꼿꼿이 쳐들고 허리를 쭉 편다. 그런데 참 이상하지, 뱃속으로 흘러드는 게 아무것도 없다.

날씨가 가을이 왔나 싶었는데 난데없이 내리는 살구꽃 같은 따스한 봄비 한 줄기에 내 뺨이 천천히 젖어든다.

앞으로 돌아가 백거이 선생 말씀을 더 들어 보자.(아직 얘기가 끝난 게 아니었군.) 시어머니 집을 돌아보는 싼마오에게 백 선생은 시어머니를 대신해 이런 말을 전한다. "향기로운 풀이 멀리 옛길을 뒤덮고 맑은 풀빛은 옛 성에 가 닿누나. 또다시 그대를 떠나보내니 우거진 풀마다 석별의 정 가득하여라 遠芳侵古道 晴翠接荒城 / 又送王孫去 萋萋滿別情.*"

 마침내 나는 가상의 적을 무찔러 없애 버렸다.

 그 순간, 나의 사랑 아프로디테 시어머니가 승리의 나팔 소리 속에서 천천히 탄생했다.

---

* 백거이의 시 「부득고원초송별」의 뒤 구절.

사랑하는 시어머니

자수성가

　애초에 사하라 사막에 가겠다고 고집한 사람은 호세가 아니라 나였다. 하지만 사막에 이렇게 오랫동안 머물게 된 것은 내가 아니라 호세 때문이었다.
　나는 반평생 동안 수많은 나라를 떠돌아다녔다. 고도의 문명사회에서도 살아 보면서 그 무의미함을 깨닫고 충분히 맛보았다. 그로부터 얻은 감동도 없지 않았고 생활 방식에도 얼마쯤 영향을 받았다. 하지만 나는 어느 한곳에 정착하는 법이 없었고 내 마음도 내가 가는 도시와 함께 떠돌았다.
　언제인지는 모르겠지만 『내셔널 지오그래픽』 잡지를 무심코 뒤적이다 사하라 사막을 소개하는 기사를 보게 되었다. 단 한 번 보았을 뿐인데도 뭐라 설명할 수 없는, 전생에 속한 기억을 그리워하는 듯한 묘한 느낌을 받았다. 그때부터 나는 그 낯선 대지에 마음을 온통 빼앗기고 말았다.

다시 스페인으로 돌아와 있을 때였다. 사하라 사막 가운데 28만 제곱킬로미터가 스페인령이었기에 사하라를 향한 그리움과 갈망이 다시 한번 나를 괴롭혔다. 하지만 주위에서는 이런 내 마음을 농담으로 여기는 듯했다.

나는 사막에 한번 가보고 싶다고 입버릇처럼 말하곤 했다. 그러나 아무도 내 말이 진심이라고는 생각하지 않았다. 나를 그런대로 잘 이해해 주는 친구들도 마찬가지였다. 그들은 사막을 향한 내 마음을 속세의 덧없음을 깨달아 더 이상 미련이 없는 거라고 또는 스스로를 멀리멀리 추방하려는 것이라고 해석했다. 한번 가면 다시는 돌아오지 않을 거라고도 했다. 하지만 이 모두 정확한 견해는 아니었다.

다행히도 남들이 나를 어떻게 분석하든 나 자신은 아무런 영향도 받지 않았다.

나는 틈틈이 사막에서 1년쯤 살아갈 준비를 해나갔다. 이런 나를 격려하는 사람은 아버지뿐이었다.

그 밖에 단 한 친구만이 나를 비웃거나 막지 않았고 나를 성가시게 하는 일은 더더욱 하지 않았다. 그는 묵묵히 짐을 챙겨 나보다도 먼저 사막으로 가서 인산광업회사에 취직해 자리를 잡고 내가 홀로 아프리카에 갔을 때 나를 맞이할 준비를 했다. 그는 내가 얼마나 고집불통이며 한번 세운 계획은 결코 바꾸지 않는다는 사실을 잘 알고 있었다.

그 친구가 사랑을 위해 사막에 가서 고생하고 있을 때, 나는 하늘 끝 땅끝까지 한평생 그와 함께 떠돌겠다고 마음을 정했다.

그 친구는 바로 지금 나의 남편인 호세다.

그게 다 2년 전 일이다.

호세가 사막으로 떠난 뒤에 나는 자질구레한 일들을 마무리했다. 아무에게도 작별을 고하지 않았다. 비행기를 타러 가기 전에 룸메이트인 스페인 친구 세 명에게 편지와 방세를 남겨 놓고 말없이 나왔다. 문을 닫으면서 나는 지금껏 익숙했던 생활 방식에 작별을 고하고, 미지의 대사막으로 뛰어들었다.

비행기가 라윤 공항의 이동식 건물에 도착했다.

석 달간 떨어져 지낸 호세를 만나게 되었다. 호세는 군복 같은 카키색 셔츠와 지저분한 청바지 차림이었다. 나를 안아 주는 두 팔은 강인했지만 두 손은 몹시 거칠었다. 머리와 수염은 누런 흙먼지로 뒤덮여 있고 휘몰아치는 바람에 얼굴이 벌게지고 입술은 다 갈라져 있었다. 눈빛에는 말 못 할 괴로움이 담겨 있는 듯했다.

나는 깜짝 놀랐다. 그토록 짧은 기간에 외모뿐 아니라 표정까지 이렇게 심하게 변해 버리다니. 마음이 쓰리고 아파 왔다. 내가 곧 맞닥뜨려야 하는 생활은 커다란 시련이라는 사실을 비로소 느낄 수 있었다. 마음속에 품었던 낭만적이고 유치한 생각들은 모두 사라졌다.

공항을 빠져나오자 심장 박동이 빨라졌다. 마음속에 이는 격동을 통제할 수가 없었다. 반평생 품고 있던 향수의 땅, 이렇게 갑작스레 이 땅으로 회귀하니 너무나도 감개무량했다.

사하라 사막은 마음 깊은 곳에서 오랫동안 그리던 나의 연인이 아닌가!

나는 사막을 바라보았다. 끝없는 모래 위로 세찬 바람이 우는 듯 쓸쓸하게 지나갔다. 하늘은 드높고 대지는 엄숙하고 웅장하고 고요했다.

마침 황혼 무렵이었다. 떨어지는 태양이 사막을 선혈과도 같은 붉은빛으로 물들였다. 그 처절한 아름다움이 두렵기까지 했다. 사막은 초겨울처럼 싸늘했다. 찌는 듯한 무더위와 이글거리는 태양을 기대했지만 저녁의 사막은 황량한 정취를 내뿜고 있었다.

호세는 사막과 조우하는 나를 조용히 기다려 주었다.

호세에게 슬쩍 눈길을 주자 호세가 입을 열었다.

"당신의 사막이야. 지금 당신은 그의 품에 안겨 있어."

나는 고개를 끄덕였다. 목이 메어 왔다.

"이방인, 가자고!"

호세는 몇 년 전부터 나를 이렇게 불렀다. 그때 카뮈의 소설이 유행했기 때문이 아니라 '이방인'이 나에게 아주 정확한 호칭이었기 때문이다. 나는 줄곧 이 세상의 중생 가운데 하나라고 느끼지 못하고 겉돌았다. 늘 일상의 궤도에서 벗어나기를 꿈꾸며 이유도 없는 설명을 지어냈던 것이다.

비행기에서 내린 몇 안 되는 사람마저 모두 가버려 공항은 텅 비어 있었다.

호세는 나의 커다란 트렁크를 어깨에 짊어졌다. 나는 배낭을 메고 베갯잇 하나를 들고 호세를 따라 걸음을 옮겼다.

호세가 보름 전에 구해 놓은 집까지는 꽤나 멀었다. 트렁크와 배낭 모두 몹시 무거웠기 때문에 우리는 아주 천천히 걸었다. 도중에 자동차 몇 대가 지나가는 것을 보고 손을 흔들어 얻어 타려 했지만 아무도 차를 세워 주지 않았다.

40여 분을 걸어 모래 언덕을 돌아가니 포장도로가 나타났다. 그제야 비로소 연기가 피어오르는 인가가 보였다.

바람 속에서 호세가 말했다.

"여기는 라윤 시의 변두리야. 우리 집은 저 아래 있어."

우리가 걸어가는 길에서 멀찍이 떨어진 곳에 커다란 구멍 투성이 천막 수십 채가 줄지어 있었다. 함석으로 만든 작은 집들도 보였다. 모래땅 위에는 단봉낙타 몇 마리와 염소 떼가 한가로이 거닐고 있었다.

드디어 짙푸른 옷을 즐겨 입는 민족을 만나는 것이다. 나는 새로운 환상의 세계 속으로 걸어 들어가고 있었다.

바람결에 계집아이들이 웃고 떠드는 소리가 들려왔다. 사람 사는 곳에는 뭐라 형용할 수 없는 생기와 정취가 있었다.

생명은 이렇게 황폐하고 낙후되고 빈곤한 곳에서도 똑같이 무럭무럭 활기차게 자란다. 이곳에서라고 결코 안간힘 쓰고 발버둥 치지 않는다. 사막에 사는 사람들에게 생로병사란 이렇게 자연스러운 일이다. 피어오르는 연기를 바라보노라니 이들의 안온함이 우아하게까지 느껴졌다.

내 관점으로는, 속박이 없는 자유로운 생활이 곧 살아 있는 문명이었다.

마침내 우리는 기다란 거리에 들어섰다. 속빈 벽돌로 지은 네모난 낡은 집들이 석양 아래 흩어져 있었다. 줄지어 선 집들

가운데 가장 끝에 있는, 길쭉한 아치형 문이 있는 아주 작은 집에 유난히 눈길이 갔다. 저게 바로 내가 살 집이구나.

호세는 과연 그 작은 집으로 걸어가 문 앞에 서더니 땀으로 흠뻑 젖은 등에서 트렁크를 문 앞에 내려놓으며 말했다.

"다 왔어. 여기가 바로 우리 집이야."

집 바로 맞은편은 커다란 쓰레기장이었다. 쓰레기장 뒤로는 파도와 같은 모래 계곡이 펼쳐져 있고 멀리 광대한 하늘이 보였다. 집 뒤쪽은 가파른 언덕인데 모래는 없고 돌멩이와 딱딱한 흙만 가득했다. 이웃집에는 아무도 보이지 않았다. 거센 바람만이 끊임없이 몰아치면서 내 머리카락과 긴 치맛자락을 휘날렸다.

호세가 문을 열자 어두컴컴하고 짤막한 복도가 눈앞에 나타났다. 나는 어깨에 메고 있던 무거운 배낭을 내려놓았다.

호세가 나를 등 뒤에서 껴안으며 말했다.

"우리의 첫 번째 집! 당신을 안고 들어가야지. 지금부터 당신은 내 아내야."

담담하면서도 깊고 그윽한 결합이었다. 지금껏 호세에게 불타는 사랑을 느낀 적은 없었지만 내 마음은 더없이 편안하고 행복해졌다.

호세가 성큼성큼 네 발짝을 떼니 바로 복도 끝이었다. 나는 눈을 들어 지붕 한가운데 커다랗게 뚫린 네모진 구멍을 쳐다보았다. 구멍 밖은 비둘기색 하늘이었다.

몸을 비틀어 호세의 품에서 빠져나온 나는 들고 있던 베갯잇을 내려놓고 얼른 방을 보러 들어갔다.

사실 돌아다니며 볼 필요도 없는 집이었다. 커다란 구멍 아래 서서 쓱 둘러보면 모든 것이 일목요연했다.

거리 쪽으로 향한 큰 방은 내 걸음으로 가로 네 발짝 세로 다섯 발짝이었다. 그리고 침대 하나 들어갈 만한 방이 하나 더 있는데 입구가 딱 어깨 너비만 했다.

부엌은 신문지 넉 장을 깔아 놓은 크기였다. 꼬질꼬질하고 금이 간 노란색 개수대와 시멘트로 만든 조리대가 있었다.

욕실에는 수세식 변기와 세면대가 있고 물탱크는 보이지 않았다. 한쪽에 자리 잡은 하얀 욕조는 완전히 다다이즘 예술 작품으로 실용성은 거의 없는 경이로운 조각품이었다.

부엌과 욕실 밖으로 난 돌계단이 어디로 통하는지 살펴보려는데 호세가 말했다.

"볼 것 없어. 위에는 공용 옥상이 있으니까 내일 올라가 보자. 내가 며칠 전에 어미 염소를 한 마리 샀는데 지금 집주인네 염소랑 같이 기르고 있어. 앞으로 신선한 염소젖을 마실 수 있을 거야."

자수성가

우리에게 염소가 있다니, 놀랍고도 기뻤다.

호세가 조급한 말투로 집에 대한 첫인상이 어떠냐고 물었다. 나는 몹시 긴장해서 내가 듣기에도 가식적인 목소리로 대답했다.

"아주 멋진데. 맘에 들어. 정말이야. 천천히 잘 꾸며 보자."

그러면서 머릿속으로는 필사적으로 계산기를 두드려 봤다. 울퉁불퉁한 시멘트 바닥에, 짙은 회색 벽돌로 된 벽에는 회칠도 되어 있지 않은 데다가 벽돌 틈새의 마른 시멘트까지 적나라하게 드러나 있었다. 고개를 들어 보니 코딱지만 한 알전구가 달랑거리고 전깃줄 위에는 파리 떼가 다닥다닥 붙어 있었다. 벽 왼쪽 모서리에 난 구멍으로는 바람이 끊임없이 들이쳤다. 수도꼭지를 트니까 끈적한 초록색 액체가 몇 방울 떨어질 뿐 깨끗한 물은 한 방울도 나오지 않았.

나는 금방이라도 무너져 내릴 듯한 지붕을 쳐다보며 호세에게 물었다.

"집세는 한 달에 얼마야?"

"만 페세타. 전기랑 수도 요금은 따로 내야 돼."

"물은 비싸?"

"기름통으로 하나 가득 90페세타. 내일 바로 시청에 가서 신청해야겠다."

나는 트렁크 위에 털썩 주저앉았다. 잠시 동안 아무 말도 할 수가 없었다.

"오케이, 지금 시내에 가서 냉장고를 사고 반찬도 좀 사자. 민생 문제부터 빨리 해결해야지!"

나는 이내 기운을 차리고 베갯잇을 품에 안고 호세와 함께 집을 나섰다.

인가와 모래밭, 묘지와 주유소를 지나 걷다 보니 금세 날이 캄캄해졌다. 시내의 불빛이 보이기 시작했다.

"저건 은행이고 저건 시청. 오른쪽은 법원이고 법원 아래층은 우체국이야. 가게도 몇 집 있어. 저 앞쪽에 일렬로 늘어선 게 우리 회사 총무부야. 초록색 조명이 켜진 건물은 술집이고 황토색으로 칠해진 건물은 영화관……"

"저기 저 아파트는 참 깔끔하다. 누가 살아? 저것 봐, 저 하얗고 커다란 집에는 나무도 있고 수영장도 있네…… 하얀 커튼 사이로 음악이 흘러나오는 저 큰 건물은 레스토랑이야?"

"아파트는 고위 직원 숙소고 하얀 집은 총독네 집이야. 그러니까 당연히 화원이 있지. 이 음악은 장교들이 다니는 클럽에서 나오는 거야."

"와, 이슬람 궁전도 있다! 호세, 저것 봐!"

"저건 궁전이 아니라 호텔이야, 별 네 개짜리. 정부 요인들이 와서 묵는 곳이야."

"사하라위족은 어디 살지? 사람은 아주 많이 보이는데."

"시내에도 살고 변두리에도 살아. 우리가 사는 곳은 묘지 구역이라는 데니까 나중에 택시 타면 그렇게 말하면 돼."

"택시도 있어?"

"있지, 게다가 다 벤츠 택시야. 물건 다 사면 택시 타고 집에 가자."

가게는 다 똑같았다. 우리는 아주 작은 냉장고와 냉동 닭고기, 가스레인지, 담요를 샀다.

"내가 미리 사놓으면 당신이 마음에 안 들어 할까 봐. 당신 마음대로 골라."

호세가 나지막하게 설명했다.

나더러 뭘 고르라는 건지? 작은 냉장고는 이 가게에 하나뿐이었고 가스레인지도 다 똑같은 모양이었다. 게다가 방금 본 그 어두컴컴한 셋집을 생각하니 한없이 우울할 뿐이었다.

계산을 할 때 나는 베갯잇을 열면서 말했다.

"아직 결혼한 게 아니니까 나눠서 내자."

호세와 친구로 지낼 때부터의 오랜 습관이었다. 우리는 늘 돈을 모아서 같이 냈다.

호세는 내가 줄곧 손에 들고 다니던 물건이 뭔지 모르고 있다가 속을 들여다보고는 펄쩍 뛰었다. 그러고는 베갯잇을 가슴에 끌어안더니 자기 호주머니에서 돈을 꺼내 물건 값을 치렀다.

가게 밖으로 나와서 호세가 조용히 물었다.

"그렇게 많은 돈이 어디서 났어? 베갯잇 속에 넣어 놓고 왜 아무 소리 안 해."

"아빠가 주신 돈을 다 가져왔어."

호세는 굳은 얼굴로 아무 말도 하지 않았다. 나는 호세를 보며 바람 속에 가만히 서 있었다.

"내 생각엔…… 아무래도 당신이 사막 생활에 적응하지 못할 것 같아. 당신 여행이 다 끝나면 나도 일을 그만둘 테니 같이 돌아가자!"

"왜? 내가 뭐라고 불평했어? 일을 왜 그만둔다고 그래?"

호세는 베갯잇을 두드리며 참을성 있게 미소를 지었다.

"당신이 사하라에 온 것은 고집과 낭만 때문이었어. 이제 금방 사막에 싫증이 날 거야. 돈이 그렇게 많으니까 다른 사람들처럼 시간을 보낼 수도 없을 거고."

"내 돈이 아냐, 아빠 돈이지. 쓰지 않을래."

"그럼 좋아. 내일 아침 은행에 가서 저금하자. 당신은…… 오늘부터 내가 벌어 오는 월급으로 생활하는 거야. 어떻게든 버텨 봐."

 듣고 보니 화가 치밀었다. 얼마나 오랫동안 알고 지낸 사이인데, 그토록 많은 나라를 나 홀로 떠돌아다녔는데 이까짓 돈 때문에 결국 허영이나 부리는 가벼운 사람으로 보였다니. 나는 반격하려다 말고 입을 다물었다. 나의 잠재력은 앞으로 살아가면서 증명해 보이면 된다. 지금 아무리 말해 봐야 쓸데없는 일이다.

 사막의 첫날은 금요일이었다. 우리는 정말 벤츠 택시를 타고 묘지 구역에 있는 집으로 돌아왔다.

 나는 침낭 속에서, 호세는 얇은 담요를 둘둘 말고 사막의 첫날 밤을 보냈다. 영하에 가까운 기온인데 우리는 시멘트 바닥에 텐트 천을 깔았을 뿐이었다. 새벽녘에는 온몸이 꽁꽁 얼어붙었다.

 토요일 아침, 우리는 시내로 나가 법원에 결혼 신청을 한 다음 눈물을 머금고 엄청나게 비싼 매트리스를 샀다. 침대는 아직 꿈에 불과했다.

 호세가 시청에 가서 물을 신청하는 사이에 나는 사하라위 족이 쓰는 거친 깔개 다섯 장, 솥 하나, 접시 네 개, 포크와 숟가락 두 벌을 샀다. 칼은 우리 두 사람 것을 합쳐 이미 열한 개나 있는데 모두 식칼로도 쓸 수 있어서 사지 않았다. 또 물통,

빗자루, 솔, 옷걸이, 비누, 기름, 쌀, 설탕, 식초 등을 샀다.

물가가 너무 비싸 나는 완전히 좌절하고 말았다. 호세가 준 얇은 돈봉투로는 더 이상 감히 뭘 살 수가 없었다.

아버지가 주신 돈은 반년이 지나야 찾을 수 있도록 중앙은행의 정기예금 계좌에 넣어 두었다.

정오에 집으로 돌아와 주인집을 방문했다. 집주인은 호탕한 사하라위족이었다. 적어도 첫인상은 서로 아주 좋게 봤다.

우리는 집주인에게 물을 반 통 빌렸다. 호세가 옥상으로 올라가서 지저분한 물탱크 안을 깨끗이 청소하는 사이에 나는 점심을 준비했다. 먼저 솥에 쌀을 안치고 밥이 다 되자 딴 데다 퍼낸 다음 그 솥에다 닭 반 마리를 요리했다.

지푸라기 깔개에 앉아 밥을 먹다가 호세가 물었다.

"밥에다 소금 뿌렸어?"

"아니, 집주인한테 빌려 온 물로 지었는데."

우리는 그제야 라윤 시의 물은 담수가 아니라 깊은 우물에서 퍼 올린 진한 염수라는 사실을 떠올렸다. 호세는 평소에는 회사에서 밥을 먹기 때문에 미처 생각지 못했던 것이다.

몇 가지 물건을 사 왔는데도 눈에 보이는 것은 바닥을 덮은 깔개뿐이었다. 우리는 주말 내내 집을 쓸고 닦았다. 천장에 뚫린 구멍으로 사하라위 아이들이 머리를 들이밀고 알 수 없는 말로 떠들어댔다.

  일요일 저녁, 호세는 회사로 돌아가야 했다. 내일 오후에 올 거냐고 묻자 호세는 온다고 했다. 호세가 일하는 인산광과 우리가 세 든 집은 왕복 100킬로미터나 되는 거리였다.

  우리는 주말부부였다. 평일에 호세는 퇴근 후 곧바로 집에 왔다가 밤이 깊어지면 통근버스를 타고 회사 숙소로 돌아갔다. 나는 낮에는 혼자 시내에 나가 볼일을 보았고 오후에 더위가 좀 가시면 사하라위 이웃이 찾아오기도 했다.

  결혼에 필요한 서류를 다 갖추기까지는 아직도 멀었다. 그동안 나는 외인부대에서 은퇴한 사령관의 소개로 식수를 파는 큰 트럭을 따라 이 일대의 사막 수백 킬로미터를 여행하곤 했다. 밤에는 유목민이 사는 천막 근처에 텐트를 치고 잤다. 그 사령관 덕분에 안전했다. 나는 흰 설탕과 낚싯줄, 약, 담배 등을 가지고 다니면서 아무것도 가진 게 없는 사막 사람들에게 나누어 주었다.

  깊은 대사막으로 들어서면 일출과 일몰 때 야생 영양이 무리 지어 질주하는 아름다운 모습을 볼 수 있었다. 그럴 때면 무미건조하고 고달픈 현실을 잊을 수 있었다. 이렇게 홀로 여행을 다니면서 누 날이라는 시간을 보냈다.

본적지인 마드리드 법원에서 결혼 허가가 나자 이제 정말로 한곳에 자리 잡게 된 셈이었다. 집은 갑자기 떠날 수 없는 곳이 되었다.

우리가 기르는 염소는 젖을 짜려 할 때마다 펄쩍 뛰며 뿔로 나를 들이받았다. 날마다 목초와 보리를 잔뜩 사다 먹여야 했고 집주인은 우리가 자기네 우리를 빌려 쓰는 것을 매우 싫어했다. 어느 때는 조금만 늦게 가도 안주인이 젖을 몽땅 짜 갔다. 나는 우리 염소를 무척 아꼈지만 염소는 나를 알아보지 못했고 호세도 못 알아봤다. 결국 우리는 더 이상 염소를 괴롭히지 않고 집주인에게 줘버렸다.

결혼 전에 한동안 호세는 돈을 더 많이 벌려고 다른 사람 대신 특근을 했다. 밤낮을 가리지 않고 일하느라 자주 볼 수가 없었다. 호세가 없는 집에는 나 스스로 해내야 할 거칠고 힘든 일이 숱하게 많았다.

이웃에는 사하라위족 말고 스페인 사람이 딱 한 가족 살았다. 그 집 안주인은 카나리아 제도 출신의 튼튼하고 씩씩한 여자였다. 그녀는 식수를 사러 갈 때마다 나를 불러 함께 가곤 했는데 갈 때는 물통이 비었으니 그녀의 걸음에 맞출 수 있었다. 하지만 10리터는 족히 되는 식수를 사 가지고 돌아오는 길에는 줄곧 그녀에게 먼저 가라고 소리쳐야 했다.

"그렇게 기운이 없어요? 설마 평생 물통을 들어 본 적도 없는 건 아니겠죠?"

그녀는 큰 소리로 나를 비웃었다.

"저…… 저한테는 너무 무거워요. 먼저 가세요…… 기다리지 마세요."

이글거리는 태양 아래 나는 양손으로 물통 손잡이를 잡고 네댓 걸음 걷고는 이내 멈춰 서서 헉헉거렸다. 다시 낑낑대며 열 발짝쯤 가다가 쉬고 가다가 쉬고 했다. 땀이 비 오듯 흘러내리고 등골이 너무 아파 부들부들 떨리고 얼굴과 귀가 벌겋게 익었다. 걸음은 자꾸 느려지는데 집은 아직도 저 멀리 작은 점이었다. 영원히 다다를 수 없을 것만 같았다.

간신히 집에 닿자 나는 그대로 쭉 뻗어 버렸다. 깔개 위에 그렇게 한참 누워 있으면 등골의 통증이 좀 가셨다.

가스가 다 떨어지면 빈 가스통을 시내까지 끌고 갈 힘이 없어 큰길로 나가 택시를 소리쳐 불러야 했다. 그것도 무척 고달팠다. 그래서 수시로 이웃의 쇠 화로를 빌려다가 문밖에 무릎 꿇고 앉아 부채질을 해가며 불을 붙였다. 연기에 숨이 막혔고 눈물이 줄줄 흘러내렸다.

이럴 때면 엄마에게 전리안이 없는 것이 얼마나 다행스러웠는지. 그렇지 않다면 엄마의 고운 두 뺨은 딸을 걱정하는 눈물로 마를 날이 없었을 것이다.

'우리 딸, 두 손에 받쳐 들고 금이야 옥이야 애지중지 키웠는데!'

엄마는 마음이 약해져서 울 게 뻔했다.

나는 결코 풀이 죽지 않았다. 여러 가지 생활을 겪어 보는 것은 정말 귀중한 경험이니까.

결혼하기 전에 호세가 야근하는 밤이면 나는 창가에 놓인 깔개에 홀로 앉아 흐느끼는 듯 호소하는 듯한 바람 소리를 들었다.

우리 집에는 책도 신문도 텔레비전도 라디오도 없었다. 밥은 바닥에 앉아서 먹고 잠은 매트리스 위에서 잤다. 벽은 한낮에는 손을 델 정도로 뜨거웠고 밤에는 얼음장처럼 차가웠다. 전기는 운이 좋으면 들어왔지만 대부분은 들어오지 않았다.

저녁이 되면 지붕에 뚫린 그 커다란 구멍에서 먼지가 분가루처럼 조용히 흩어져 내렸다. 밤이 되면 하얀 초에 불을 붙이고 그 눈물이 어떤 형상을 이루는지 지켜보았다.

우리 집에는 서랍도 옷장도 없었다. 옷은 트렁크에, 신발과 다른 자잘한 물건은 커다란 종이 상자에 넣어 두었다. 뭘 쓸 때는 나무판을 구해 무릎 위에 올려놓고 썼다. 밤에는 차디찬 잿빛 벽이 내 마음을 더욱 그늘지게 했다.

어느 날인가 호세가 야간 통근버스 시간에 맞춰 일터로 돌아갈 때였다. 달카닥 문 닫히는 소리가 들리자 나는 이성을 잃고 눈물을 쏟기 시작했다. 나는 옥상으로 뛰어올라 갔지만 호세의 그림자밖에 보이지 않았다. 나는 다시 호세를 뒤쫓아 달렸다.

숨도 제대로 쉬지 않고 내달려 간신히 호세를 따라잡았다. 나는 거친 숨을 몰아쉬면서 고개를 숙인 채 호세와 나란히 걸었다.

"자고 가면 안 돼? 제발. 오늘은 전기도 안 들어와. 너무 쓸쓸해."

나는 두 손을 호주머니에 찔러 넣고 바람을 맞으며 호세에게 애원했다.

호세는 어쩔 줄 몰라 했다. 더 이상 쫓아가면 이내 호세의 눈시울이 붉어질 것만 같았다.

"싼마오, 내일 아침 특근이 있어서 여섯 시 전까지는 가야 해. 여기 있다가 새벽에 그렇게 먼 길을 어떻게 가? 새벽 통근 차표도 없잖아."

"돈 많이 안 벌어도 돼. 은행에 돈이 있잖아. 그렇게 죽기 살기로 일하지 마."

"그 돈은 나중에 아버님께 작은 집을 사는 데 쓰게 빌려 달라고 할 거야. 생활비는 내가 벌어야지. 조금만 참아. 결혼하면 특근은 하지 않을게."

"내일 올 거야?"

"오후에 꼭 올게. 아침에 건재상에 가서 목재 가격 좀 알아봐. 퇴근하고 와서 책상 만들어 줄게."

호세는 나를 힘껏 끌어안았다가 집 쪽으로 떠밀었다. 나는 천천히 걸어가면서 연신 뒤를 돌아보았다. 호세는 별이 빛나는 하늘 아래 서서 나에게 손을 흔들었다.

한번은 가족과 함께 와 있는 호세의 동료가 밤에 차를 몰고 나를 부르러 왔다.

"싼마오, 우리 집에 가서 저녁 먹고 텔레비전도 봐요. 우리가 집에 다시 데려다줄게요. 혼자 우울해하지 말고……."

그들의 호의에는 연민이 깃들어 있었다. 나는 자존심이 상해 거절해 버렸다. 며칠간 나는 상처 입은 야수처럼 아주 작은 일 하나하나에도 분노했다. 심지어 나약해진 나머지 목 놓아 울기도 했다.

사하라 사막은 이토록 아름답건만, 여기서 살아가기 위해서는 엄청난 의지와 끈기를 대가로 지불하며 스스로 적응해 가야 했다.

자수성가

나는 사막을 미워하지 않았다. 단지 사막에 익숙해져 가는 과정에서 작은 좌절을 겪었을 뿐이었다.

다음 날, 나는 호세가 적어 준 메모를 들고 시내에 있는 큰 건재상에 가서 가격을 알아보았다. 한참이 지나서야 내 차례가 왔다. 점원이 이리저리 계산을 하더니 2만5천 페세타가 넘겠다고, 요새 목재 물량이 달린다고 했다.

나는 고맙다고 하고 밖으로 나왔다. 우리 예산으로는 몇 개의 나무판자밖에 살 수 없었다. 우체국이나 가봐야겠다고 생각하고 건재상 옆 공터를 지나는데 버려진 커다란 포장 상자를 발견했다. 철판이 덧대어진 커다란 나무 상자였는데 아무에게도 쓸모가 없을 것 같았다.

나는 다시 건재상으로 뛰어 들어가 물어보았다.

"저기 문 밖에 있는 빈 나무 상자 좀 가져가도 될까요?"

이 말을 하면서 내 얼굴은 발갛게 달아올랐다. 이렇게 빈 상자 몇 개 때문에 남에게 애원해 보기는 처음이었다.

건재상 주인은 매우 온화하게 대답했다.

"그럼요, 그럼요. 필요한 만큼 가져가세요."

"다섯 개를 가져가고 싶은데요. 너무 많나요?"

"식구가 몇인데요?"

나는 두 식구라고 대답하면서 웬 엉뚱한 질문인가 싶었다.

주인이 허락하자 나는 곧바로 광장으로 가서 나귀가 끄는 달구지 두 대를 빌려 와 나무 상자 다섯 개를 실었다. 공구도 더 필요하겠다 싶어서 톱, 망치, 줄자, 크고 작은 못들, 도르래, 노끈, 사포를 샀다.

달구지 뒤를 쫓아 돌아오면서 신이 나서 휘파람을 불었다. 나는 달라졌다. 호세처럼 사막에서 석 달을 지내고 나니 과거의 나는 나도 모르게 사라져 버렸다. 빈 상자 몇 개를 얻었다고 이토록 기쁨에 넘치다니.

집에 도착해서 보니 문이 좁아 상자를 안으로 들여놓을 수가 없었다. 이웃들이 나의 보물을 가져갈까 봐 문밖에 그대로 놔두기가 불안했다. 나는 5분마다 문을 열고 나가 상자들이 잘 있는지 확인했다. 해 질 무렵까지 이런 긴장 상태가 이어졌다.

마침내 호세의 그림자가 지평선 위로 나타났다. 나는 잽싸게 옥상으로 뛰어올라 손을 흔들어 수신호를 보냈다. 호세는 수신호를 알아보고 곧바로 달리기 시작했다.

문 앞까지 달려온 호세는 창문 밖에 세워져 있는 상자들을 보더니 눈이 휘둥그레져서 이리저리 만져 보았다.

"이렇게 좋은 나무가 어디서 났어?"

나는 옥상 난간에 걸터앉아 대답했다.

"내가 얻어 왔지. 아직 깜깜하지 않으니까 빨리 옥상에 올려

자수성가

놓자."

그날 저녁 우리는 삶은 달걀 네 개를 먹고 뼈를 에는 듯한 찬바람을 맞으며 도르래로 나무 상자를 옥상 위에 올려놓았다. 철판을 분해하고 나무판을 힘껏 뜯어내다가 못에 찔려 호세의 손에서 피가 흘렀다. 나는 상자를 부둥켜안고 발로 밑판을 밟고 버티며 호세가 두꺼운 판자를 하나씩 뜯어내는 것을 도왔다.

"우리에겐 왜 가구가 꼭 있어야 할까? 왜 사하라 사람들처럼 평생 자리 하나만 깔고 살 수는 없는 걸까?"

"우리는 그들이 아니니까."

"왜 우리는 그들의 생활 방식을 받아들일 수 없지?"

나는 판자 세 개를 끌어안은 채 곰곰이 생각했다.

"그러면 그들은 왜 돼지고기를 먹지 않지?"

호세가 웃으며 반문했다.

"그건 종교적인 문제지 생활 방식의 문제는 아니잖아."

"그럼 당신은 왜 낙타 고기를 안 먹어? 개신교에서는 낙타를 못 먹게 하나?"

"내 종교에서 낙타는 바늘구멍에 밀어 넣는 데나 써먹지 다른 데는 안 쓴다네."

"그러니까 우리에겐 가구가 있어야만 생활이 비참하지 않아."

 호세의 해석은 엉터리였지만 아무튼 나도 가구가 꼭 있어야 했다. 이런 사실이 부끄러워도 할 수 없었다.

 다음 날 호세는 오지 못했다. 그간 벌어 놓은 돈을 요 며칠 동안 다 써버렸기 때문에 앞으로의 나날이 좀 평안하려면 호세는 또 기를 쓰고 특근을 해야 했다.

 그 다음 날도 호세는 오지 못한다고 호세의 회사 동료가 차를 몰고 와 내게 알려주었다.

 아침에 시내에 갔다 와서 보니 옥상 위에 가득 쌓아 놓은 판자의 반의반이 없어져 있었다. 이웃들이 가져다가 염소 우리를 눌러 놓은 것이었다.

 줄곧 옥상 위에 앉아 지키고 있을 수도 없는 노릇이라 쓰레기장에 가서 빈 깡통을 몇 개 주워다 구멍을 뚫고 판자 더미 둘레에 매달았다. 이제 누가 나의 보물에 손을 대면 깡통 소리를 듣고 냉큼 쫓아가 붙잡을 수 있게 되었다.

 그러나 바람이 열 번도 넘게 나를 속였다. 바람이 불 때마다 깡통이 댕그랑댕그랑 울려댔다.

 그날 오후, 나는 배편으로 부쳐 온 책 상자를 정리하다가 우연히 내 사진 몇 장을 발견했다.

 한 장은 이브닝드레스를 입고 털코트를 걸치고 머리를 틀

자수성가

어 올리고 귀고리를 길게 늘어뜨린 모습이었다. 베를린 가극 극장에서 『리골레토』를 보고 나오면서 찍은 사진이었다. 또 한 장은 겨울밤에 나의 방탕한 친구들과 어울려 마드리드 구시가지의 작은 술집에서 포도주를 마시며 춤추고 노래하는 모습이었다. 사진 속의 나는 윤기가 흐르는 긴 머리를 어깨 위로 드리운 채 방긋 웃고 있었다…….

한 장 한 장 과거를 들여다보고 사진들을 손에서 떨어뜨렸다. 나는 낙담하여 바닥에 엎어졌다. 그때의 심정은 마치 육신을 떠난 영혼이 망향대望鄕臺에 올라 친지들을 바라보는 것처럼 비통했다.

그러나 어차피 돌이킬 수 없는 일. 옥상 위의 빈 깡통이 또다시 나를 불렀다. 나는 판자를 지키러 올라갔다. 이번에도 허탕이었다.

지금 나에게 무엇보다도 중요한 것은 바로 저 판자들이었다.

살아가면서 양춘백설陽春白雪*은 물론 청채두부靑菜豆腐**까지 두루 맛봐야 이 길을 가는 것이 보람차지 않겠는가!(사실 여기서는 청채두부조차 맛볼 수 없지만 말이다.)

---

* 중국 초나라에서 가장 고상하다는 가곡. 수준 높고 훌륭한 예술 작품을 비유한다.
** 중국인들이 즐겨 먹는 소박한 두부 요리.

별것 없는 한세상, '광활한 사막에 봉화 연기 한 줄기 곧게 오르고 긴 강에는 둥근 해가 떨어지는 大漠孤煙直 長河落日圓*' 장면을 볼 수 있는 나 같은 행운아가 몇이나 되겠는가?(사막에는 강도 없고 연기는 구불구불 피어오르지만 말이다.)

게다가 나는 '가을바람 부는 옛길에 야윈 말 한 필, 석양은 서쪽으로 기울고 애끓는 나그네 하늘 끝을 떠도는 古道西風瘦馬 夕陽西下 斷腸人在天涯**' 정취 속에 들어 있는 셈이 아닌가.(야윈 말은 없고 야윈 낙타뿐이지만 말이다.)

금요일은 내가 가장 고대하는 날이었다. 호세가 집에 와서 일요일까지 있다 가기 때문이다.

호세는 원래 로맨틱인 사람이 아니었다. 나 역시 사막에서 지내며 풍류 따위는 떠올리지 않았다. 우리는 오로지 생활 환경을 개선하고 물질적·정신적 어려움을 극복하는 데에만 골몰했다.

이전의 나는 참 멍청했다. 밥 짓고 반찬 만드는 솥이 하나밖에 없어서 두 번에 걸쳐 음식을 만들었던 것이다. 지금은 도리를 깨달았다. 생쌀과 채소, 고기를 뒤섞어 쪄내면 나물밥이 된

---

* 당나라 시인 왕유王維의 시 「사신으로 변방에 이르다」使至塞上의 한 구절.
** 원나라 잡극 작가 마치원馬致遠의 시 「가을 생각」秋思의 한 구절.

다. 아주 간편하다.

저녁에 호세는 촛불 아래 세세한 가구 도면을 잔뜩 그려 놓고 내게 고르라고 했다. 나는 제일 간단한 것을 골랐다.

토요일 아침, 우리는 옷을 든든하게 입고 일을 시작했다.

"먼저 치수대로 톱질을 해야 돼. 판자에 앉아 좀 누르고 있어. 톱질하기 편하게."

호세는 쉬지 않고 일했다. 나는 잘라 놓은 나무판에 번호를 적었다.

한 시간 또 한 시간이 흘렀다. 해가 머리 꼭대기로 올라왔다. 나는 젖은 수건을 호세 머리에 덮어 주고 팔과 등에 오일을 발라 주었다. 호세의 손에는 물집이 잡히기 시작했지만 나는 할 수 있는 일이 없어 판자를 누르고 있거나 얼음물을 갖다 호세에게 먹이거나 달려드는 염소 떼와 아이들을 쫓았다.

펄펄 끓는 쇳물 같은 뙤약볕 아래 하늘과 땅이 천천히 돌고 있는 것만 같았다.

호세는 한마디 말도 없이 마치 그리스 신화에 나오는 시시포스처럼 자신의 바위를 끊임없이 밀어올리고 있었다.

나는 이런 남편을 가진 것이 자랑스러웠다. 예전에는 단정하게 앉아 문서나 연애편지 쓰는 것밖에 못 봤는데 오늘에야 호세의 새로운 면모들 보게 되었다.

나물밥을 다 먹고 호세는 바닥에 누웠다. 부엌에 잠깐 갔다 오는 틈에 어느새 곤히 잠들어 있었다. 차마 깨울 수가 없어 나는 가만히 옥상 위로 올라가 톱질한 나무들을 책상, 책장, 옷장, 부엌에서 쓸 차탁자 등으로 분류해 하나하나 쌓아 놓았다.

호세가 눈을 떴을 때는 이미 노을이 지고 있었다. 호세는 벌떡 일어나 화를 내며 나를 나무랐다.

"왜 안 깨웠어!"

나는 고개를 숙인 채 아무 말도 하지 않았다. 침묵은 여자의 가장 큰 미덕인 법. 체력이 걱정돼 좀 쉬라고 그랬다는 변명 따위는 해봤자였다. 호세의 머리는 최고급 시멘트로 만들어져 있으니까.

밤 11시까지 일을 하고 나니 마침내 책상 하나가 생겼다.

다음 날은 안식일이라 일을 멈추고 쉬어야 마땅했지만, 호세는 일하지 않으면 마음의 안식을 찾을 수 없다며 또 옥상에 올라가 쉬지 않고 망치질을 했다.

"밥 좀 많이 줘. 저녁때 또 안 먹어도 되게. 옷장은 벽에 잘 맞춰야 하는데 꽤 어렵고 시간도 많이 걸리거든."

밥을 먹다가 호세는 갑자기 고개를 들더니 뭔가 생각난 듯 나를 보며 빙긋 웃었다.

"저 상자들이 원래 뭘 포장했던 건지 알아? 그날 트럭 기사

마르탱이 말해 줬는데."

"저렇게 크니까…… 아마 커다란 냉장고 아닐까?"

호세는 내 말에 웃음을 참지 못했다.

"말해 줄까 말까?"

"도대체 뭘 포장했던 건데?"

"뭐냐면…… 관. 스페인에서 관 열다섯 개를 사 온 거래."

순간 깨달았다. 건재상 주인이 매우 상냥하게 우리 집 식구가 몇 명이냐고 물었던 게 이런 까닭이었구나.

"살아 있는 사람들이 묘지 구역에 살면서 관을 포장했던 나무로 가구를 만들고 있다니…… 기분이 어때?"

나는 호세에게 물었다.

"똑같지 뭐."

호세는 입을 닦고 일어나 곧바로 옥상으로 올라갔다.

나는 뜻밖의 일에 몹시 흥분했다. 나는 다른 기분이었다. 내 새 책상이 더욱 좋아졌다.

며칠 뒤에 법원에서 결혼 허가 통지가 왔다.

우리는 결혼식을 마치고 곧바로 호세 회사 총무부로 가서 아침 통근버스 차표와 결혼 보조금, 집세 보조금, 세금 감면 혜택, 내 의료 보험 등등을 신청했다.

우리가 정식으로 결혼했을 때 우리 집에는 책장 하나와 책상 하나가 있었다. 침실에는 긴 옷걸이가 달린 옷장, 부엌에는 작은 탁자와 아래쪽에 양념통을 놓을 수 있는 조리대가 생겼다. 사막의 삼베로 만든 색동 줄무늬 커튼도 있었다.

하지만 손님이 오면 여전히 바닥에 앉아야 했고 아직 침대도 사지 못했다. 벽은 여전히 회칠도 못 한 채 벽돌이 그대로 드러나 있었다.

결혼을 하자 회사에서는 가구 구입 보조금 2만 페세타를 주고 월급도 7천 페세타쯤 올려 주었다. 세금도 감면되고 집세 보조금도 한 달에 6500페세타씩 나왔다. 그리고 보름간의 결혼 휴가도 얻었다.

결혼 증명서에 서명을 함으로써 우리 가계는 대단히 좋아졌다. 이를 보고 나는 예로부터 내려오는 전통에 반대하지 않게 되었다. 결혼에는 좋은 점이 많았다.

친구들은 서로 호세의 업무를 대신해 준다고 했고 그 덕분에 우리는 한 달 내내 우리들만의 시간을 가질 수 있었다.

"인산광부터 보러 가자."

우리는 회사 지프를 타고 인산을 캐는 광산부터 뻗어 나온 벨트 컨베이어를 따라갔다. 100킬로미터쯤 달리니 인산을 선적하는 긴 해상 제방과 바로 연결되어 있었다. 여기가 바로 호세가 일하는 곳이었다.

"우와! 제임스 본드 영화 같은데. 당신은 007이고 나는 동양에서 온 팜 파탈……."

"어마어마하지!"

호세가 차 안에서 말했다.

"저 어마어마한 걸 누가 만든 거야?"

"독일 철강회사."

호세는 좀 의기소침하게 대답했다.

"스페인 사람이 저렇게 굉장한 걸 만들어냈을 리가 없지."

"싼마오, 내가 입 다물고 있게 도와줄래?"

신혼여행으로 우리는 가이드를 구하고 지프를 빌려 서쪽으로 갔다. 마라케시를 지나 알제리로 들어갔다가 다시 서사하라로 돌아와 스마라에서 모리타니를 가로질러 새로운 미지의 세계로 횡단해 갔다. 그러고는 또 다른 길로 서사하라의 남쪽을 거쳐 라윤으로 돌아왔다.

처음으로 사하라 사막을 가로지르며 우리는 둘 다 사막이 만든 사랑의 올가미에 걸려들고 말았다. 이제 꽃 한 송이 피지 않는 이 황야를 결코 떠날 수 없게 되었다.

우리의 보금자리로 돌아오니 휴가가 일주일밖에 남지 않았다. 우리는 누추한 집을 미친 듯이 꾸미기 시작했다.

집주인에게 벽을 칠해 달라고 부탁했지만 거절당했다. 화가 나서 시내에 나가 집세를 알아봤지만 모두 미화 300달러가 넘는 말도 안 되는 가격이었다.

호세는 밤새 이리저리 계산을 해보더니 다음 날 시내에 가서 석회와 시멘트를 사고 사다리와 공구를 빌려 왔다.

우리는 밤낮으로 일했다. 빵과 우유와 각종 비타민으로 체력을 보충했지만 힘든 장거리 여행에서 돌아온 데다가 제대로 쉬지도 못해 두 사람 다 갑작스레 야위었다. 퀭하니 꺼진 눈에 눈동자만 번뜩이고 걸음걸이도 휘청거렸다.

"호세, 난 나중에 쉴 수 있지만 당신은 다음 주부터 출근해야 되잖아. 하루이틀 쉬고 나서 일하지 그래?"

내 말은 듣는 둥 마는 둥 호세는 사다리 위에서 일을 계속했다.

"이렇게 절약할 필요 없잖아. 음…… 은행에 돈이 있는데."

"여기 미장이가 한 시간에 얼마나 달라는지 알아? 게다가 내가 해도 그 사람들하고 별 차이가 없다고."

"이 밥통아, 늙어 죽을 때까지 돈을 싸 들고 있다가 나중에 애들이 펑펑 쓰게 하게?"

"애가 생기면 걔가 열두 살이 되자마자 공부하면서 일하게 할 거야. 애한테 돈은 안 줘."

자수성가

"그러면 돈은 누구더러 쓰라 하게?"

나는 사다리 아래서 차분하게 물었다.

"장인어른 장모님을 모셔야지. 나중에 우리가 사막을 떠나 다시 자리를 잡으면 두 분을 모셔 오자."

호세가 만 리 밖에 계신 우리 부모님 얘기를 꺼내자 내 눈시울이 젖어 왔다.

"두 분 모두 우리를 이해해 주시지만 속으로는 무척 자존심이 강하셔. 아버지는 특히 외국에서 살기 싫어하시고……."

"아버님께서 원하시든 말든 당신이 가서 직접 모셔 와. 다시 타이완으로 도망치려 하시면…… 암튼 그건 나중 일이고."

나는 이 기특한 사위의 공중누각을 위해 석회와 시멘트를 열심히 배합하는 수밖에 없었다. 사다리 위에서는 불시에 축축한 덩어리가 툭툭 떨어져 내 정수리와 콧등을 때렸다.

"호세, 빨리 중국어 배워."

"싫어, 그것만은 거절하겠어."

호세는 뭐든지 잘했지만 언어만큼은 정말 소질이 없었다. 10여 년을 공부했다는 프랑스어도 아직 신통치 않은데 중국어는 더 말할 것도 없었다. 강요한다고 되는 일이 아니었다.

휴가 마지막 날, 집 안팎이 모두 하얗게 칠해졌다. 정말 묘지 구역의 군계일학이었나. 시청에 빈지수를 내달라고 신청

할 필요도 없었다.

7월달 봉급에는 결혼 보조금과 집세 보조금이 모두 포함되어 나왔다. 한 달치 기본급을 더 얹은 만큼 되었다.

호세는 비탈진 언덕 쪽 지름길로 달려오더니 문에 들어서자마자 주머니마다 들어 있는 돈을 몽땅 바닥에 쏟아 놓았다. 초록색 지폐가 한 무더기 쌓였다.

그리 놀랄 만한 액수는 아니었지만 사회 초년생인 호세로서는 평생 가장 많이 번 돈이었을 것이다.

"싼마오, 이것 봐! 이제 스펀지 매트도 살 수 있고 담요도 더 살 수 있어. 침대보랑 베개도. 외식도 할 수 있고 물탱크도 하나 더 살 수 있고 거기다 새 솥이랑 새 텐트……."

황금을 숭배하는 우리 두 사람은 땅바닥에 꿇어앉아 돈에게 절을 했다.

돈을 다 세자 나는 빙그레 웃으며 8천 페세타를 떼어 놓았다.

"이걸로 뭐 하게?"

"당신 옷 사주게. 바지가 다 닳아서 반들거리고 셔츠 목도 해졌잖아. 양말도 다 구멍 났어. 신발도 새걸 신어야 체면을 유지하지."

"괜찮아. 먼저 집에다 쓰자. 나는 그 다음에 꾸며도 돼. 사막에서는 멋 부릴 필요 없어."

호세는 다음 날에도 밑창 뚫린 구두를 신고 출근했다.

나는 방 오른쪽에 벽돌을 쌓고 그 위에 관을 포장했던 판자를 올려놓았다. 두툼한 스펀지 매트 두 개를 사서 하나는 벽에 기대 세워 놓고 하나는 판자 위에 깔았다. 거기다 커튼과 같은 천을 덮고 뒤쪽을 실로 촘촘히 꿰매니까 값싸고 튼튼한 소파가 되었다. 묵직한 색채가 눈처럼 하얀 벽과 잘 어울려 아주 산뜻하고 보기 좋았다.

책상에는 하얀 천을 덮고 그 위에 엄마가 부쳐 주신 가느다란 대나무 발을 깔았다. 딸 사랑이 지극하신 엄마는 내 요구에 따라 한지를 바른 등갓까지 보내 주셨다.

도자기로 만든 다기도 한 세트 받았다. 절친 린샤난은 커다란 현대 판화를 보내 왔고 핑 선생님은 황관출판사의 총서 한 질을 큰 상자에 넣어 항공편으로 부쳐 주셨다. 아버지는 퇴근길에 본 이상야릇한 포스터를 사서 보내 주셨고 언니는 옷을 공물로 바쳐 왔다. 남동생들은 재미있게도 목욕 가운처럼 생긴 일본 전통 의상을 호세에게 보내 왔다. 그 옷을 입은 호세는 내가 무척 좋아하는 배우 미우네 토시로처럼 보였다.

어머니가 보내 주신 등갓을 나지막하게 걸어 놓고 린화이민林懷民*이 검은 바탕에 흰 글씨로 생동감 넘치게 쓴 글씨 '雲門舞集(운문무집)'도 벽에 걸었다. 이제 우리 집에서는 말로 형용할 수 없는 정취가 배어났다.

그러자 이 아름다운 집에 더더욱 공을 들이고 싶어졌다.

호세가 출근한 다음 나는 책꽂이를 짙은 나무색으로 칠했다. 페인트와는 다른 갈색 염료를 썼는데 중국어로는 뭐라고 부르는지 모르겠다. 다 칠하고 나니 책꽂이는 한층 중후한 느낌이 들었다.

나는 종종 나 자신을 분석하곤 한다. 사람이 태생적으로 저절로 나뉜 생활 환경을 떨쳐 내기란 참으로 어려운 것 같다. 우리 집 물건들은 이곳 사람들이 보기에는 쓸데없는 것들이다. 하지만 나는 사막에 와서도 이런 멍에에서 벗어나지 못하고 주위 환경을 예전처럼 복잡하게 만들어 놓았다.

천천히 나는 과거의 나로 돌아가고 있었다. 나는 또다시 풍류 속에 발을 들여놓기 시작했다.

호세가 일하러 가면 나는 건너편 쓰레기장에 가서 쓸 만한

---

* 타이완의 세계적인 현대무용가. 그가 창설한 무용단 '운문무집(클라우드 게이트 댄스 시어터)'은 서법을 이용해 만들어낸 독특한 춤사위로 세계적인 명성을 얻었다.

폐품을 주워 모았다.

오래된 타이어를 주워다가 깨끗이 씻어 깔개 위에 놓았다. 안에 빨간 방석을 채워 넣으니 새둥지처럼 보였다. 오는 사람마다 서로들 앉으려고 했다.

커다란 진초록색 물병을 찾아내 품에 안고 와서 꽃이 활짝 핀 야생 가시나무를 꽂았다. 강렬한 고통의 정취가 풍겼다.

모양이 제각각인 탄산수 병도 여러 개 주워 왔다. 작은 통에 든 페인트를 사 와서 병에다 각양각색 인디언 문양을 두껍게 그려 넣었다.

낙타 해골은 일찌감치 책꽂이에 올려놓았고 호세를 협박해서 양철판과 유리로 램프를 만들게 했다.

금세 썩는 양가죽도 주워다가 사하라위 사람들에게 배운 대로 소금으로 문질러 씻고 다시 백반으로 무두질을 하니까 멋진 방석이 되었다.

크리스마스에는 마드리드로 돌아가 시부모님을 만났다. 돌아올 때는 호세가 어린 시절부터 대학 때까지 모은 책을 몽땅 싸 들고 왔다. 그러자 사막의 작은 집에는 학구적인 분위기가 물씬 풍겼다.

나는 사막이 너무나도 사랑스러웠다. 하지만 사막은 나를 비웃는 듯했다. 가련한 문명인이여! 쓸데없는 물건에서 벗어나지 못하는구나!

"우리 집에는 식물이 없어. 초록이가 없어!"
어느 날 저녁, 나는 호세에게 투덜거렸다.
"없는 걸 다 채우려면 영원히 만족하지 못할걸."
"아냐. 돌아다니며 찾아보자."
그날 저녁 우리는 총독 관저의 낮은 담을 넘어 들어가 네 개의 손으로 안간힘을 쓰며 총독의 꽃을 파냈다.
"빨리, 이 비닐봉지에 집어넣어. 빨리. 그리고 저 큰 등나무 덩굴도 파."
"아이고, 애는 뿌리가 왜 이리 길어. 깊이도 박혔네."
"흙도 가져가야 돼. 빨리 담아."
"충분하잖아! 세 그루나 팠는데."
"하나 더. 하나 더 필요해!"
나는 계속해서 땅을 파헤쳤다.
그때 갑자기 정문 앞에 서 있던 보초병이 천천히 다가왔다. 나는 혼비백산하여 얼른 비닐봉지를 호세의 가슴팍에 숨기고 다급하게 말했다.
"나 좀 안아 줘, 꼭. 그리고 키스해 줘, 찐하게. 늑대가 왔다고, 빨리빨리."

호세는 나를 힘껏 끌어안았다. 불쌍한 꽃은 우리 사이에서 납작하게 찌부러졌다.

보초병이 성큼성큼 다가오더니 철컥 소리를 내며 총을 들이댔다.

"뭐야? 여기서 몰래 무슨 짓거리를 하는 거야?"

"우리는…… 우리는……."

"빨리 나가! 여기는 당신들이 애정 행각이나 벌이는 데가 아냐!"

우리는 부둥켜안은 채 낮은 담장을 넘어가려 했다. 하느님, 담을 넘을 때 제발 꽃이 떨어지지 않기를!

"이봐, 정문으로 나가. 얼른!"

보초병이 또 소리를 질렀다.

우리는 천천히 총독 관저를 빠져나갔다. 나는 보초병에게 15도 각도로 공손히 인사하는 것을 잊지 않았다.

나중에 이 일을 외인부대 퇴임 사령관에게 말해 줬더니 그는 한참 동안 껄껄 웃었다.

나는 아직도 우리 집에 만족할 수 없었다. 음악이 없는 집은 산수화에 계곡과 폭포가 없는 거니 마찬가지니까.

카세트 살 돈을 모으려고 나는 장을 보러 멀리 떨어진 외인부대의 복지 매장까지 걸어갔다.

첫날 갔을 때는 정말 어색했다. 나는 다른 여자들처럼 서로 밀치며 다투지 못하고 얌전하게 줄을 섰다. 네 시간이 지나서야 찬거리를 한 바구니 사서 돌아올 수 있었다. 그래도 물건값은 보통 가게보다 3분의 1이나 쌌다.

자주 가다 보니 군인들은 내가 교양이 있다는 걸 알아차렸는지 의협심을 발휘해 주었고 심지어 편애까지 했다. 내가 계산대 쪽으로 가면 비집고 들어가지 않아도 그들은 공공연히 뚱뚱하고 거친 아낙들을 가로막고 큰 소리로 내게 물었다.

"오늘은 뭐 사러 오셨어요?"

내가 메모를 건네주면 조금 뒤에 뒷문으로 물건이 포장된 상자가 전해졌다. 돈을 내고 뛰어나와 택시를 부르면 택시가 서기도 전에 군복을 입은 대장부들이 상자를 들어 차에 실어 주었다. 나는 반시간도 걸리지 않아 집에 돌아올 수 있었다.

이곳에 주둔하는 부대는 무척 많았는데 나는 외인부대를 특히 좋아했다(나는 그들을 '사막 군단'이라고 부르곤 했다).

그들은 남자다웠고 고생을 무릅쓸 줄 알았으며 존중받아야 할 부인들에게 경의를 표했다. 그들은 싸움박질도 했지만 풍류를 즐길 줄도 알았다. 매주 일요일 저녁 외인부대 교향악

단은 시청 앞 광장에서 연주회를 열었다. 모차르트의 「마술피리」, 무소륵스키의 「민둥산의 하룻밤」, 모리스 라벨의 「볼레로」 등 고전음악을 연주하고 레하르의 희가극 「메리 위도」로 끝을 맺었다.

이렇게 절약한 결과, 얼마 뒤에 복지 매장에서 카세트와 음악 테이프를 살 수 있었다. 텔레비전과 세탁기는 아직 나를 매혹시키지 못했다.

우리는 다시 돈을 모으기 시작했다. 다음 계획은 백마 한 필이었다. 현대의 말은 모두 할부로 살 수 있었지만 호세는 현대인이 되려 하지 않고 반드시 일시불로 사야 한다고 우겼다. 그래서 할 수 없이 또 몇 달간 걸어 다녀야 했다.

지름길로 시내에 나가려면 사하라위족의 커다란 공동묘지 두 곳을 지나야 했다. 사막의 매장 방식은 천으로 시신을 감싸 모래 구덩이에 넣고 그 위에 돌멩이를 어지러이 덮는 것이었다.

영원한 잠에 빠진 사람들의 몸 위를 밟아 그들의 안녕을 방해할까 봐 나는 여느 때처럼 돌무덤을 빙 돌아서 걸어가고 있었다.

그때 아주아주 늙은 사하라위족 남자가 무덤가에 앉아 있는 모습이 보였다. 나는 호기심이 생겨 노인에게 다가갔다. 노인은 돌을 조각하고 있었다.

세상에나! 발아래 돌조각이 잔뜩 쌓여 있었다. 스무 개는 되어 보였다. 입체적인 사람 얼굴, 새, 서 있는 아이, 다리를 벌리고 누운 나부裸婦(여인의 비밀스러운 곳에서는 반쯤 나온 아기의 모습이 조각되어 있었다) 또 영양과 낙타를 비롯해 이름 모를 많은 동물이 있었다.

나는 까무러칠 듯 놀라 노인 곁에 무릎을 꿇고 앉아 물었다.
"위대한 예술가여, 이 조각들을 살 수 있나요?"

나는 손을 뻗어 사람 얼굴 조각을 집어 들었다. 내 눈을 믿을 수가 없었다. 이토록 투박하고 감동적인 자연의 창작물이라니! 빼앗아서라도 갖고 싶었다.

노인은 고개를 들고 망연자실한 얼굴로 나를 바라보았다. 나는 조각품 세 개를 집어 들었다. 노인 손에 1천 페세타를 쥐여 드리고 시내에 가는 일도 잊은 채 서둘러 집으로 달아났다. 노인은 뭐라고 웅얼거리더니 비틀거리며 나를 쫓아왔다.

나는 조각들을 꼭 끌어안은 채 손을 풀지 않았다. 노인이 나를 붙잡아 돌려 세웠다. 나는 간절히 말했다.
"너무 조금 드렸나요? 지금은 돈이 없어요. 이따가 더 갖다 드릴게요. 이따가……."

노인은 아무 말 없이 허리를 굽혀 두 마리 새를 내 품에 밀

자수성가

어 넣고는 나를 놓아주었다.

나는 그날 밥도 먹지 않고 바닥에 누워 그 위대한 무명 예술가의 작품을 감상했다. 마음속에 이는 감동을 그 어떤 말로도 표현할 수 없었다.

사하라위 이웃들은 내가 이 예술품을 사는 데 1천 페세타나 썼다는 사실을 알자 나를 마구 비웃고 바보 천치 취급까지 했다. 문화적 차이 때문에 서로 통하지 않는 것이었다.

나에게 이 돌들은 값을 매길 수 없는 보물이었다.

다음 날 호세가 2천 페세타를 더 주었다. 나는 다시 무덤을 찾아갔지만 노인은 다시 나타나지 않았다.

뜨거운 햇볕이 쏟아지는 광활한 묘지에는 모래와 돌무더기뿐 사람의 흔적은 전혀 없었다. 어제 받은 다섯 개의 조각품은 귀신이 준 기념품일까. 마음이 한없이 출렁거렸다.

오래지 않아 호세가 지붕에 뚫린 커다란 구멍을 막았다.

우리 집에는 양가죽 북과 양가죽 물통, 가죽 풀무, 물담배통, 사막 사람들이 손으로 짠 화려한 침대보, 모래와 바람이 만들어낸 기기묘묘한 돌들이 더해졌다. 이곳 사람들은 그 돌을 '사막의 장미'라고 불렀다.

우리는 스페인 잡지와 중국 잡지를 구독하기 시작했다. 미국 잡지 『내셔널 지오그래픽』도 빼놓을 수 없었다.

1년이 지나자 우리 집은 진정 아름다운 궁전으로 탈바꿈했다.

혼자 사는 호세의 회사 동료들은 휴가를 맞으면 먼 길을 마다 않고 우리 집에 와서 하루 종일 있다 가곤 했다.

기숙사 생활을 하는 독신 친구가 찾아오면 나는 무슨 수를 써서라도 신선한 과일과 채소를 먹이고 탕수갈비도 만들어 주었다.

친구들은 먹고 끝내는 게 아니라 그들의 어머니가 천 리 밖 스페인에서 부쳐 준 햄과 소시지를 퇴근길 호세의 손에 들려 보내는 것을 잊지 않았다. 다들 참 착한 사람들이었다.

어느 주말, 호세가 난데없이 사막에서 가장 아름답고 진귀한 '천국새'라는 꽃을 한 아름 안고 들어왔다. 나는 천천히 팔을 뻗어 받으면서 큰 꽃다발이 무거울까 걱정했지만 선홍색 꽃은 천국으로 날아오를 듯 가뿐했다.

"마놀린이 당신 주래."

나는 황금보다 더 귀한 선물을 받은 기분이었다.

그 뒤로 주말마다 우리 벽 모퉁이에는 불타는 듯한 천국새가 만발했다. 모두 호세가 마놀린에게 받아 온 것이었다.

호세의 책은 대부분 광활한 대지와 깊은 바다, 우주를 다룬 것들이었다. 호세는 인간의 내면을 파고드는 일을 좋아하지 않았고 사람이란 그런 식으로 분석할 수 없는 것이라고 늘 주장해 왔다.

호세는 천국새를 애지중지하며 맑은 물로 갈아 주고 아스피린을 섞어 주고 썩어 가는 줄기를 잘라 주었다. 마놀린이 어떤 마음으로 꽃을 주었는지에 대해서는 무신경했다. 마놀린은 불타는 천국새가 우리 집에 날아들기 시작하면서부터 한 번도 찾아오지 않았다.

어느 날 호세가 출근하자 나는 시내의 회사 총무부로 달려갔다. 마놀린에게 전화를 걸어 따로 좀 보자고 했다.

마놀린이 오자 나는 차가운 탄산수 한 잔을 내놓고 진지한 표정으로 그를 바라보았다.

"말해 보세요! 마음 후련하게."

"저, 저는…… 모르시겠어요?"

마놀린은 머리를 감싸 쥐고 무척 괴로워했다.

"전에도 조금은 느꼈지만 이제 확실히 알겠네요. 마놀린, 당신은 좋은 친구예요. 고개 좀 들어 보세요."

"아무 의도도 없어요. 한 조각 희망도 품고 있지 않으니까 제게 뭐라 하지 마세요."

"이제 꽃은 그만 보내세요. 받을 수가 없네요."

"알았어요. 이제 가볼게요. 제발 저를 이해해 주세요. 정말 미안해요. 호세한테도요. 저는……."

"피커 씨."

나는 마놀린의 성을 불렀다.

"저한테 나쁜 짓 한 건 아니에요. 당신은 한 여인에게 커다란 찬사와 격려를 주었어요. 제게 용서를 구할 필요는 없어요……."

"다시는 귀찮게 굴지 않을게요. 안녕히 계세요!"

마놀린이 나지막이 말했다. 소리 없이 흐느끼는 듯한 목소리였다.

호세는 마놀린이 혼자 왔었다는 것을 몰랐다.

일주일 뒤, 퇴근길에 호세는 책이 가득 든 커다란 상자 하나를 가져왔다.

"마놀린 그 친구 참 이상하네. 갑자기 회사를 그만뒀어. 월말까지만 근무해 달라고 해도 싫다고 그냥 가네. 우리한테 이 책들을 주고 갔어."

나는 되는 대로 책 한 권을 집어 들었다. 『아시아의 별이 총총한 하늘 아래』라는 책이었다.

까닭 없는 울적함이 마음속을 스쳐 지나갔다.

그 뒤로 결혼하지 않은 남자 친구들이 올 때면 나는 특별히 언행에 주의했다. 친구들과 함께 세상사를 논하던 주요 인물은 사라지고 부엌의 주부만이 남았다.

집이 이렇게 편안하고 깨끗하고 아름답게 꾸며지자 집에서 열던 무료 학교는 한동안 방학을 하기로 했다.

1년쯤 이웃 여자들을 가르쳤지만 그들은 숫자나 글자, 위생 따위에는 관심이 없었다. 돈도 대수로이 여기지 않았다. 날마다 우리 집에 와서 내 옷과 신발을 입어 보고 신어 보고 립스틱, 아이펜슬, 핸드크림 따위를 써보았다. 아니면 새로 산 침대에 우르르 드러누웠다. 바닥에 자리를 펴고 자는 그들에게 침대에 눕는 것은 무척 신선한 경험인 모양이었다.

그들이 올 때마다 말끔하게 정리되었던 우리 집은 난장판으로 변했다. 그들은 책을 읽을 줄 몰랐지만 재클린 케네디나 오나시스 같은 유명인사에 관해서는 나보다 더 잘 알았다. 이소룡도 알고 스페인의 섹시 스타들도 훤히 꿰고 있었다. 잡지에서 좋아하는 배우 사진을 보면 마구 뜯어 갔고 몸에 두른 천 속에 내 옷을 걸치고 말도 없이 가져가기도 했다. 며칠이 지나 돌아온 옷은 더럽혀지고 단추는 다 떨어진 데다가 가위질까지 되어 있는 경우도 있었다.

그들이 찾아오면 우리 집은 각본 없이 그들 스스로 감독하고 연기하는 끔찍한 재난 영화 촬영장이 되었다.

호세가 텔레비전을 사 오자 이웃 여자들은 날마다 문을 두드리며 욕을 해댔다. 나는 아무에게도 문을 열어 주지 않았다. 텔레비전은 전기가 들어올 때 우리를 바깥세상과 연결하는 유일한 통로였다. 하지만 나는 여전히 텔레비전을 그리 좋아하지 않았다.

수없이 많은 침대보를 손으로 빨고 나서야 작은 세탁기 한 대가 생겼다.

그래도 나는 아직 만족할 수가 없었다. 나는 백마 한 필을 원했다. 총천연색 광고에서 본 바로 그 말을.

그 무렵 나는 시내에 사는 유럽 여자들을 꽤 알게 되었다.

나는 본래 이웃집에 잘 놀러 다니지 않지만 호세 상사의 부인 가운데 마음이 잘 맞는 중년 부인이 있었다. 그녀가 재봉을 가르쳐 주겠다고 해서 나는 마지못해 배우기 시작했고, 그녀를 만나러 때때로 고급 관료 숙소에도 가보게 되었다.

어느 날 나는 양장 소매를 다는 법을 물어보러 그녀를 찾아갔다. 공교롭게도 집 안에는 부인네 한 무리가 앉아 있었다.

처음에 그들은 나를 꽤나 환대했다. 내 학력이 그들보다 높

앉기 때문이다.(속물들, 학력으로 사람을 가늠할 수 있단 말인가? 학력이 무슨 소용 있기에?) 그런데 조금 뒤, 어떤 머저리였는지는 잊어버렸지만 한 여자가 내게 물었다.

"숙소 몇 동에 사세요? 다음에 우리가 놀러 갈게요."

나는 아주 자연스럽게 대답했다.

"호세는 높은 사람이 아니라서 숙소를 배정받지 못했는데요."

"그래도 찾아갈 수 있어요! 우리한테 영어를 가르쳐 주세요. 시내 어느 거리에 사세요?"

"전 시외에 사는데요. 묘지 구역에요."

방 안은 갑자기 참기 힘들 만큼 적막해졌다.

상사의 부인이 나를 감싸 주려는 듯 재빨리 말했다.

"얼마나 격조 있는 집인데요. 사하라위족이 세놓은 집을 화보에 나오는 궁전처럼 바꿔 놓을 수 있을 줄은 상상도 못했다니까요."

"그 구역은 한 번도 가본 적이 없어요. 하하, 전염병에 걸릴까 무섭네요."

다른 여자가 말했다.

나는 열등감을 느끼는 사람은 아니었지만 그들의 말은 나를 아프게 찔렀다.

"제 생각에는 사막에 와서 생활과 물질의 곤란을 겪어 보지 않는다면 인생 경험상 얼마간 손실이……."

나는 느릿느릿 말했다.

"사막은 무슨 사막, 관둬요. 우리는 이런 숙소에서 사니까 전혀 사막에 있는 것 같지 않다고요. 정말 안됐네요. 어떻게 시내로 이사 오지 않고 사하라위족이랑 같이 산담…… 쯧쯧."

내가 작별을 고하고 나오자 상사의 부인이 뒤쫓아 나와 조용히 말했다.

"다시 놀러 와요. 꼭 와요!"

나는 웃으며 고개를 끄덕이고는 계단을 내려와 쏜살같이 달려 나의 작고 하얀 보금자리로 돌아왔다. 그리고 결심했다. 절대로 시내로 이사 가지 않겠다고.

모로코와 모리타니가 서사하라를 분할 점령하려는 상황이라서 이곳은 바람 잘 날이 없었다. 세계 각국에서 기자들이 크고 작은 촬영 장비를 가지고 취재하러 왔다.

그들은 모두 호텔에 묵었는데 그곳은 우리가 자주 갈 수 없는 곳이었다. 그때 우리는 마침 자동차(나의 백마!)를 샀기 때문에 휴일에는 시내에 머물 일이 더더욱 없었다.

어느 날 집으로 돌아오는 길이었다. 교외에서 50킬로미터쯤 떨어진 곳에서 누군가 손을 흔들고 있는 모습이 보였다. 우리는 곧바로 차를 세워 그 사람에게 무슨 일이 생겼는지 살펴보았다. 차가 부드러운 모래 속에 처박혀 도움을 필요로 하고 있었다.

우리도 그런 경험이 있었다. 우리는 곧바로 헌 담요를 꺼냈다. 먼저 그 외국인과 함께 타이어 밑에 고랑 네 개를 팠다. 그 다음 앞바퀴 밑에 담요를 깔고 그에게 시동을 걸라고 하고는 뒤에서 차를 밀었다. 그리고 또다시 부드러운 모래 위에 큰 담요를 깔아 바퀴가 모래 속에 빠지는 것을 막았다.

한 시간쯤 지나서야 간신히 차를 아스팔트 도로로 끌어냈다.

그 사람은 통신사에서 파견된 기자였다. 그는 호텔에서 식사를 대접하겠다고 했다.

우리는 그때 너무 피곤했기 때문에 그의 제의를 정중히 사양하고 집으로 돌아왔다. 그리고 금세 그 일을 잊었다.

그로부터 보름쯤 지났을 때였다. 집에 혼자 있는데 창밖에서 누군가 얘기하는 소리가 들렸다.

"틀림없어. 바로 이 집이야. 들어가 보자."

나는 문을 열었다. 눈앞에 우리가 차 빼는 것을 도와줬던 그 기자가 서 있었다. 그는 셀로판지로 포장한 커다란 '천국새'를 안고 있었다. 같이 온 사람은 그의 동료였다.

"들어가도 괜찮겠습니까?"

그는 매우 정중하게 물었다.

"들어오세요."

나는 꽃을 받아 부엌에 가져다놓고 차가운 탄산수를 꺼냈다. 손에 쟁반을 들고 있어 조심조심 걸어가는데 그 기자가 영어로 속삭이는 소리가 들려왔다.

"맙소사! 지금 사하라 사막에 있는 거 맞아? 세상에 이럴 수가!"

내가 작은 방에 들어서자 그들은 소파에서 일어나 쟁반을 받아 들려 했다.

"괜찮아요. 앉으세요."

그들은 이리저리 두리번거리더니 결국 참지 못하고 내가 묘지에서 사 온 돌을 만지작거렸다. 두 사람은 나는 돌아보지도 않은 채 정신없이 돌을 칭송했다.

동료 기자가 벽 모서리에 걸어 놓은 작은 자전거의 녹슨 쇠바퀴를 슥 밀어 보았다. 둥근 바퀴가 활 모양으로 흔들렸다.

"사막에서 살다 보니 본의 아니게 팝아트를 좀 하게 됐네요."

자수성가

나는 쇠바퀴를 붙잡고 미소를 지었다.

"세상에! 지금껏 본 사막의 집 가운데 가장 아름답습니다."

"다 폐품이에요."

나는 다시금 거만하게 웃었다.

그들은 다시 소파에 앉았다.

"조심하세요. 그건 관을 포장했던 상자예요."

그들은 소스라치게 놀라 소파에서 튀어 올랐다. 그리고 조심스레 천을 들고 속을 살펴보았다.

"미라는 없으니 겁내지 마시고요."

그들은 한참 동안 돌조각을 만지작거리다가 하나를 사고 싶다고 했다.

나는 잠깐 주저하다가 새 모양 돌을 건네주었다. 새의 몸통에는 저절로 만들어진 담홍색 무늬가 있었다.

"얼맙니까?"

"괜찮아요. 감상할 줄 아는 사람에게는 값을 매길 수 없이 귀한 거고 이해 못 하는 사람에게는 한 푼의 가치도 없는 거니까요."

"음…… 그래도 대가를 치르고 싶은데요."

"천국새를 주셨잖아요. 그거랑 바꾼 걸로 하죠."

그들은 거듭거듭 고마움을 표하며 떠났다.

몇 주가 지났다. 시내에서 영화를 보려고 호세와 극장 밖에서 기다리고 있는데 갑자기 외지인 한 사람이 다가와 손을 내밀었다. 우리는 영문도 모른 채 그와 악수를 나누었다.

"통신사 기자에게 들었는데 사막에서 가장 아름다운 집에 사는 분들이라면서요! 제가 잘못 보지 않았죠?"

"잘못 보실 리가요. 전 여기서 유일한 중국인이니까요."

"저는…… 만약…… 실례가 되지 않는다면 집을 좀 보러 가도 될까요? 참고할 일이 있어서요."

"실례지만 누구신지……."

호세가 물었다.

"저는 네덜란드 사람입니다. 스페인 정부의 요청으로 여기 와서 사하라 사람들이 살 집을 짓기로 했어요. 기숙사 구역을 만들려고 하거든요. 집을 보러 가도 될지……."

"언제든지 와서 보세요."

호세가 대답했다.

"사진을 찍어도 될까요?"

"그럼요. 어려워하지 않으셔도 돼요."

"부인도 찍어도 되나요?"

"우리는 평범한 사람들이에요. 그런 수고는 하지 마세요."

내가 냉큼 대답했다.

다음 날 그 사람은 우리 집에 와서 사진을 잔뜩 찍었다. 그런 다음 우리가 처음 이 집에 왔을 때는 어떤 모습이었냐고 물었다.

나는 그에게 처음 왔을 때의 사진들을 보여 주었다.

그는 떠나면서 내게 말했다.

"남편분께도 전해 주세요. 당신들은 정말 아름다운 로마를 만드셨군요!"

"로마는 하루아침에 이뤄진 게 아니랍니다."

사람이란 참 이상하다. 다른 사람이 자신을 증명해 주기 전에는 자기 가치를 모르는 경우가 많다.

나는 한동안 이 모래 위의 작은 성에 도취되어 있었다.

어느 날 집주인이 찾아왔다. 그는 지금껏 집 안에 들어온 적이 거의 없었는데 웬일인지 쓱 들어와 앉더니, 거들먹거리며 몸을 일으켜 집 안을 여기저기 살펴보고 나서 말했다.

"진작에 말하려고 했는데, 당신들이 세 든 이 집은 사하라에서 제일 좋은 집이니까 이제 좀 정확히 해야겠어요!"

"뭘 말이에요?"

나는 대뜸 물었다.

"이런 집을 이전 가격으로 세놓지는 못하죠. 그러니까……

집세를 올려야겠어요."

나는 '이 돼지 같은 놈아'라고 말하고 싶었지만 잠자코 계약서를 들고 와 집주인의 면전에 들이밀며 차갑게 말했다.

"그랬다간 내일 당신을 고소하겠어요."

"당신…… 당신네 스페인 사람은 사하라 사람을 깔봐요!"

집주인은 갑자기 나보다 더 화를 냈다.

"당신은 착한 이슬람교도가 아니군요. 이제 날마다 기도하는 일은 그만둬요. 당신의 신은 당신을 보살피지 않을 거예요. 썩 꺼져요."

"집세 좀 올린다고 내 종교를 모독하다니……."

그가 목소리를 높였다.

"당신 스스로 당신 종교를 모독했잖아요. 나가요."

"이런…… 이런…… 이런 제기랄!"

집주인이 길거리에서 고래고래 욕을 하거나 말거나 나는 나의 성문을 닫고 도개교를 올렸다. 그리고 카세트에 테이프를 꽂았다. 드보르작의 「신세계 교향곡」이 집 안에 울려 퍼졌다.

나는 타이어로 만든 둥근 방석에 천천히 몸을 묻었다. 여왕처럼.

귀향 편지

친구들!

타이베이에 돌아온 지도 어느새 20일이 넘었네요. 이 짧은 시간 동안 예전에 나와 편지를 주고받던 독자들과 내가 가르쳤던 학생들, 또 새로운 친구들로부터 무수한 편지와 전화를 받았습니다. 타이베이 거리에 알록달록 줄지어 진열된 내 책들이 나를 보며 장난기 가득한 표정을 짓는 것도 보았고요.

각지에서 날아온 정성스러운 편지들을 읽으면서 나는 그 속에 숨어 있는 나의 형상을 보게 되었고 얼굴을 모르는 수많은 친구들이 싼마오를 격려하고 있음을 깨달았답니다.

따뜻한 관심과 과분한 사랑이 담긴 그 편지 한 통 한 통에 상세한 답장을 쓰고 싶은 마음이 굴뚝같아요. 여러분이 펜을 들고 편지를 쓰는 데에 얼마나 많은 시간과 정성을 쏟았는지 너무나 잘 아니까요. 답장을 목 빠지게 기다리고 있을 텐데 마치 바다에 던져진 돌멩이처럼 그 편지에는 아무런 회신이 없으니…….

하지만 편지를 보내 온 많은 친구들, 싼마오는 결코 무례하거나 무정한 사람이 아니란 걸 알아주세요.

그토록 오랫동안 모국을 떠나 있었는데 돌아와 보니 너무나 큰 사랑과 우정이 쏟아져 나는 그 속에 완전히 파묻히고 말았어요. 시간을 쪼개어 좀 더 많은 분들과 자리를 함께하고 싶은 마음이 간절하지만, 안타깝게도 내게 주어지는 하루는 스물네 시간밖에 되질 않네요.

갑자기 바쁘고 떠들썩해진 생활에 내 마음은 흥분과 긴장으로 가득하고 체력은 바닥나 버렸어요. 그리고 여러분의 진심 어린 사랑으로 내 가슴에는 커다란 파문이 일기 시작했습니다.

돌아오면서 나는 산수를 유람하고 부모님과 여유로운 시간을 보내며 모국에서의 휴가를 한껏 누리리라 다짐했더랬죠. 그런데 지금 나는 밤낮없이 시간에 쫓겨 영원히 해방될 수 없는 시간의 노예가 되어 버린 것만 같네요.

오랜 사막 생활로 나는 이미 고독하고 한가로운 시골 아줌마가 되었어요. 그래서 여기저기 식사에 약속에 바쁜 지금 생활이 마치 도시에 처음 나온 시골 할머니처럼 어질어질하고 정신이 없어요.

날마다 감동과 정성의 산해진미를 앞에 두고도 사막에서 감자떡만 먹고 살던 싼마오는 다 삼킬 수가 없군요. 다 먹지 못한 것들은 커다란 상자에 담아 사막에 가져갔으면, 그래서 남은 반평생 동안 두고두고 꺼내 먹었으면 좋겠어요. 이 짧은 시간, 나를 위한 그 정성들을 모두 먹어치우지 못해 얼마나 안타까운지요!

주마등처럼 흘러가는 나날 속에서 친구들이 퍼부어 준 사랑에 너무나 감동해 있으면서도 나를 만나고 싶어 하는 그 마음에는 일일이 응할 수 없는 형편이에요. 내 시간들을 원고지처럼 칸칸이 나누어 여러분의 이름과 시간과 약속 장소로 한 칸 한 칸 채워 넣고 싶지만 글 쓰는 것보다 훨씬 어려운 일이네요. 능력이 도저히 마음을 따라 주지 못하는군요!

  사랑하는 친구들, 부디 지금 내 상황을 이해해 주시고 우리가 만나지 못하는 것을 애석해하지 말아 주세요. 문학의 본모습은 그걸 읽는 독자 한 사람 한 사람에 의해 재창조되는 것이랍니다. 누누이 강조했듯이 싼마오는 보잘것없는 사람이에요. 직접 보고 나면 여러분은 한없이 실망할걸요. 싼마오 자신도 이야기 속 그 사람이 거울 속 이 사람인지 어리둥절하다니까요.

  그러니까 친구들, 여러분이 내 글을 읽을 때 우리는 서로 말없는 이야기를 나누고 있는 거예요.

  모임에 나가 보면 모르는 사람들도 『사하라 이야기』 속의 이야기, 구절, 작은 사건, 심지어 대화 한 마디까지 줄줄 외다시피 하는데 먼 타국에서 돌아온 이 나그네는 이 상황이 어리둥절하고 쑥스러워 어쩔 줄을 모르겠어요.

귀향 편지

내가 할 수 있는 말은 단지 고맙다는 평범한 인사뿐이지만, 여러분의 이런 사랑은 앞으로 내가 열심히 글을 쓰는 데 커다란 힘이 될 거예요.

나는 줄곧 참을성이 없었고 책상 앞에 붙어 앉아 글을 쓰는 일은 특히나 싫어했어요. 그런데 고국에 돌아온 첫날, 많은 학교에서 내 책을 단체로 주문한다는 뜻밖의 소식을 듣고 감격에 겨웠어요.

게다가 어른들만 『사하라 이야기』를 읽을 줄 알았는데 세상에 초등학생까지 아는 거예요. "사막에 사는 고모 만날 때 우리도 데려가 줘." 내 조카들에게 친구들이 이렇게 부탁한다지 뭐예요.

얼마나 자랑스럽고 기뻤는지 몰라요. 나는 진정으로 어린이들의 싼마오가 되고 싶거든요. 성경에도 이런 구절이 있지요. "어린아이처럼 되지 않으면 천국에 들어갈 수 없다. 천국은 아이들의 것이다."

사랑하는 어린이 친구 여러분, 여러분이 얼마나 소중한지 모릅니다. 싼마오의 책이 무거운 학업으로 지친 여러분에게 즐겁고 편안한 시간을 만들어 주길 바라요.

여러분이 별 볼일 없는 싼마오에게 싫증 내지 않는다면 난 쭈욱 '이야기하는 사람'으로 남고 싶어요. 변변찮은 학식으로 대단한 이

치를 얘기할 순 없지만, 열심히 노력해서 내 손으로 내 입에서 나오는 얘기를 쓰고 내 입으로 내 마음속 소리를 표현하고 싶어요.

어느 날 갑자기 침묵한다 해도 싼마오가 게을러졌다는 생각은 하지 말아 주세요. 여러분의 사랑에 보답도 없이 줄행랑쳐 버린 것은 더더구나 아니에요.

내가 문득 글쓰기를 멈춘다면 그건 나 자신을 살찌우고 있다는 표시랍니다. 쓰는 것도 중요하지만 때때로 멈추는 것은 더 중요하다는 사실을 알거든요.

지금은 글 쓰는 게 무척 재미있고 쓸거리도 많아요. 그래서 이미 시작한 마라톤을 이어 가고 있어요. 앞으로 한 권 한 권 새 책을 내면서 싼마오를 아껴 준 독자들께 내 묵묵한 노력을 보여 드리고 싶어요.

『사하라 이야기』가 한 달 반 만에 벌써 4쇄가 나왔다니 다 여러분의 지지과 격려 덕분이에요. 나에게 글쓰기란 다른 사람을 위한 일도 유명해지려는 것도 아니었어요. 그렇지만 여러분의 뜨거운 반응이 평범한 주부인 내게 앞으로 열심히 달려가야 할 길을 알려 주었어요. 정말 평생을 두고 고마워해도 모자랄 지경이에요!

다음 달이면 다시 내 집과 고국을 뒤로하고 머나먼 북아프리카로, 남편이 기다리는 가정으로 돌아가야 해요. 한 분 한 분 만나서 이야기할 시간을 충분히 갖지 못해 아쉽기 그지없지만…….

친구들, 우리는 과거에 서로 알지 못했어요. 지금도 서로 얼굴을 맞대지 못하고 있죠. 하지만 안다고 꼭 만나는 것도 아니고 만난다고 해서 안다고 할 수 있는 것도 아니죠.

타이베이에 있다고 가까이 있는 것도 아니고 아프리카에 있다고 멀리 떨어져 있는 것도 아니에요. 단지 서로를 이해하고 느낀다면 하늘 끝에 있어도 이웃이나 마찬가지죠!

여러분의 사랑에 다시 한번 감사드려요. 싼마오는 비록 작은 사람이지만 마음만은 넓어서 사랑하는 사람들을 모두 담아낼 수 있다는 걸 잊지 말아 주세요.

나를 낳아 주시고 키워 주시고 변치 않는 사랑을 주신 부모님, 이 집에서 언제나 나를 반가이 맞아 주시겠지요. 거센 파도를 막아 주는 이 안전한 항구에서 편안히 쉬면서 타향에서 얻지 못한 온기와 사랑을 한껏 누렸어요.

영원한 신앙을 주신 주님께 감사드립니다. 나를 집으로 평안히 인도하신 주님, 이제 나를 북아프리카 남편 곁으로 데려가 주소서. 가족과 벗들의 넘치는 사랑과 우정을 가진 나는 정말 행운아입니다.

내 인생의 작은 배의 키를 잡은 사람은 나이지만 어둠 속을 무사히 지나가도록 나를 인도해 주는 별들을 밤하늘에 걸어 두신 분은 주님입니다. 그분이 이끄시는 대로 갈 뿐, 내 마음 깊은 곳에는 아무런 두려움도 슬픔도 없습니다. 그저 이별의 아쉬움 한 자락뿐이죠.

영원히 변치 않는 주님의 크나큰 사랑 덕분에 나는 이 세상 사람들과 나무 한 그루, 풀 한 포기, 모래 한 알까지도 사랑하는 법을 배웠습니다.

고마워요, 만나지 못한 친구들. 오래도록, 천 리 밖에서나마 함께 달을 보기로 해요 但願人長久 千裏共嬋娟.*

싼마오

---

* 송나라 시인 소동파蘇東坡의 시 「수조가두」水調歌頭의 한 구절.

싼마오 연보

- 본명 천핑陳平. 1943년 3월 26일 중국 쓰촨성 충칭에서 태어나다.
- 1948년, 부모를 따라 타이완으로 이주하다.
- 유년기부터 책을 무척 사랑해서 초등학교 5학년에 『홍루몽』을 읽다. 중학교에 올라가자 시중에 나온 세계 명작을 거의 섭렵하다.
- 중학교 2학년에 학교를 그만두고 집에서 부모님에게 교육받기 시작하다. 중국 시사·고문과 영문학을 심도 있게 공부하다. 구푸성顧福生, 사오유쉬안邵幼軒 두 화가에게 차례로 그림을 배우다.
- 1964년, 문화대학 설립자 장치윈張其昀의 특별 허가로 문화대학교 철학과 청강생이 되어 우수한 성적을 거두다.
- 1967년, 공부를 중단하고 홀로 스페인으로 떠나다. 3년 동안 스페인 마드리드대학교와 독일문화원에서 공부하고 미국 일리노이대학교 법학도서관에서 일하며 외국어 실력을 쌓고 많은 경험을 하다.
- 1970년, 타이완으로 돌아와 장치윈의 초빙으로 문화대학교 독문과와 철학과에서 학생들을 가르치다. 약혼자의 갑작스러운 죽음으로 실의에 빠져 다시 타이완을 떠나 스페인으로 향하다.
- 1973년, 6년 동안 애타게 그녀를 기다리던 호세와 재회하다.
- 1974년, 서사하라 현지 법원에서 호세와 결혼하다. 사막 생활이 숨겨진 글쓰기 재능을 자극하다. 『연합신문』 편집장 핑신타오平鑫濤의

격려를 받으며 글을 써 나가다.
- 1976년 5월, 첫 책 『사하라 이야기』가 출간되다.
- 1979년 9월 30일, 남편 호세가 잠수 사고로 사망하다. 부모와 함께 타이완으로 돌아오다.
- 1981년, 14년간의 유랑 생활을 끝내고 타이완에 정착하다.
- 같은 해 11월, 『연합신문』의 후원으로 반년간 중남미를 여행하고 돌아와 『천산만수 유람기』千山萬水走遍를 쓰고 순회강연을 하다.
- 이후 문화대학 문예창작과에서 '소설 창작'과 '산문 습작' 과목을 가르치며 학생들에게 많은 사랑을 받다.
- 1984년, 건강이 악화되어 교직에서 물러나 글쓰기와 강연을 하며 생활하다.
- 1989년 4월, 처음으로 중국 대륙의 고향으로 돌아가다. 대륙에서도 많은 독자에게 사랑받고 있음을 확인하다. 만화 『싼마오 유랑기』三毛流浪記의 작가 장러핑張樂平을 만나 숙원을 이루다.
- 1990년, 시나리오를 쓰기 시작해 처음이자 마지막 시나리오 『곤곤홍진』滾滾紅塵을 완성하다.
- 1991년 1월 4일 아침, 향년 48세로 사망하다.
- 2000년 7월, 싼마오가 남긴 유물이 국립문화자산보존연구센터 준

비처에 소장되다. 현재는 타이난시 중시구 충칭루 1번지 국립타이완문학관으로 옮겨져 있다.
- 2000년 12월, 항저우대 관광연구소 교수 푸원웨이傅文偉 부부의 기획으로 중국 저장성 딩하이구에 쌴마오기념관이 세워지다.
- 2010년, 황관출판사에서 쌴마오전집을 새롭게 펴내다.

옮긴이 조은

한양대학교 중어중문학과와 한국방송통신대학교 청소년교육학과를 졸업하고
외주 편집자로 일하고 있다. 『사하라 이야기』, 『흐느끼는 낙타』, 『사랑받고 있어』,
『할머니의 장난감 달달달』을 우리말로 옮겼다.

사하라 이야기 1

초판 인쇄 2020년 6월 10일
초판 발행 2020년 6월 15일

지은이	싼마오
옮긴이	조은
펴낸이	이지나
펴낸곳	지나북스
출판등록	2014년 9월 30일 제2014-000264호
주소	04047 서울시 마포구 어울마당로 5길 52, 2층
전화	02-333-1314	**팩스** 0505-055-1313
이메일	limonv@naver.com
블로그	www.jinabooks.com

ISBN 979-11-86605-63-9 04820
ISBN 979-11-86605-62-2 (세트)

ⓒ2020, 지나북스

정가 15,000원

- 이 도서의 국립중앙도서관 출판시도서목록(CIP)은 서지정보유통지원시스템 홈페이지(http://seoji.nl.go.kr)와 국가자료공동목록시스템(http://www.nl.go.kr/kolisnet)에서 이용하실 수 있습니다. (CIP제어번호:CIP2020021729)
- 이 책의 내용을 재사용하려면 반드시 저작권자와 지나북스 양측의 서면에 의한 동의를 받아야 합니다. 잘못된 책은 구입하신 곳에서 바꾸어 드립니다.